# ATTITUDES D'ENTREPRENEUR

par

SYLVIE DESLAURIERS PhD

# Attitudes d'Entrepreneur

## par Sylvie Deslauriers PhD

© 2018  AB + Publications

Infographie : Audrey Morasse

St-Alban, Québec
Canada

info@ABplusPublications.com
www.ABplusPublications.com

ISBN 978-1-928067-14-6

Dépôt légal : 2018, révisé en 2021
Bibliothèque nationale du Canada
Bibliothèque et Archives nationales du Québec

Tous droits réservés.
Toute reproduction, en tout ou en partie, sous quelque forme que ce soit et par quelque procédé que ce soit, est interdite sans l'autorisation écrite préalable de l'éditeur.

*À toutes les personnes ayant croisé mon chemin.*
*Pour toutes les situations vécues.*
*Avec reconnaissance, Merci.*

*Pour leurs attitudes d'entrepreneur inspirantes,*
*un merci particulier à Me Cassy Bernier, M. Frédéric Corneau,*
*Me Louis-Thomas Deschênes, M. Jérôme Francoeur,*
*M. Maxime Perron et Mme Johanne Poulin.*

*Pour leur confiance en mon travail,*
*un merci particulier à M. Patrick Benjamin,*
*M. Mario Lamontagne et M. Christian Regnaud.*

# PRÉSENTATION DE L'AUTEURE

Sylvie Deslauriers est professeure associée en sciences comptables à l'Université du Québec à Trois-Rivières (UQTR) depuis 1988. Passionnée par l'enseignement, elle croit au potentiel de réussite de chaque personne qu'elle côtoie et se dévoue à la recherche de méthodes d'enseignement adaptées. Grâce à ses talents de pédagogue, son enthousiasme et son humour, elle réussit à transmettre des notions parfois très complexes dans un langage clair et efficace.

Elle est détentrice d'un doctorat en administration (PhD) de l'Université Laval, d'une maîtrise en sciences comptables de l'Université du Québec à Montréal et d'un baccalauréat de l'Université de Sherbrooke en administration des affaires. Elle est également membre de l'Ordre des Comptables professionnels agréés du Québec (FCPA auditrice FCA), de l'*American Institute of Certified Public Accountants* (CPA [FL]) et de l'*Association of Accountants and Financial Professionals in Business* (CMA [É.-U.]).

S'étant illustrée de façon exceptionnelle dans sa profession, Sylvie Deslauriers a obtenu le prestigieux titre de Fellow décerné par l'Ordre des comptables agréés du Québec en 2010 ainsi que le titre convoité de Fellow de la Société des comptables en management du Canada en 2002.

Membre du cercle d'excellence du réseau de l'Université du Québec, et détentrice de la prestigieuse Médaille UQTR 2020, Sylvie Deslauriers a reçu plusieurs prix et récompenses, en tant que professeure et en tant qu'auteure de nombreux textes et volumes. Elle a reçu, en 2016, le Prix d'excellence en enseignement L.S. Rosen décerné par l'Association canadienne des professeurs en comptabilité. Cet organisme l'a également honorée à deux reprises, en 2015 et 2016, en lui décernant le Prix Howard Tell sur l'innovation dans l'enseignement de la comptabilité.

Outre l'obtention du Prix d'excellence en enseignement universitaire de l'Ordre des comptables agréés du Québec reçu en 2009, ainsi que le Prix institutionnel de reconnaissance en enseignement de l'UQTR, reçu en 2001, les écrits de Sylvie Deslauriers ont été récompensés à deux reprises, en 2003 et en 2010, dans le cadre du Concours annuel des Prix du ministre de l'Éducation.

# TABLE DES MATIÈRES

**PROLOGUE** .................................................... 1

**ÊTRE CONSCIENT** ........................................ 3
    Préciser ses motivations    4
    Évaluer objectivement ses idées    7
    Considérer l'environnement    10
    Planifier la réalisation des projets    15
    Se donner les moyens de réussir    20
    Savoir quand s'arrêter    26

**ÊTRE RESPONSABLE** .................................. 31
    Assumer ses actions    32
    Exprimer adéquatement ses idées    35
    Prendre en charge la gestion d'une entreprise    39
    Faire des choix responsables    43
    S'engager envers les parties prenantes    45
    Faire partie de son milieu    52
    Évaluer l'improbable    56

**ÊTRE HONNÊTE** .......................................... 59
    Faire preuve d'authenticité    60
    Opérer avec justesse    63
    Jauger adéquatement chaque situation    70
    Tenir une comptabilité irréprochable    74
    Maintenir son intégrité    77
    Reconnaître les apports    81

**ÊTRE CONSÉQUENT** .................................. 85
    Établir l'objectif    86
    Agir en fonction du discours    89
    Remonter à la source    93

© Attitudes d'Entrepreneur

## TABLE DES MATIÈRES (suite)

| | |
|---|---|
| Planifier l'essentiel | 94 |
| Envisager les conséquences | 100 |
| Évaluer selon l'objectif | 105 |
| Effectuer un suivi | 109 |

### ÊTRE CHEF .................................................. 111

| | |
|---|---|
| Chapeauter les activités | 112 |
| Choisir son équipe | 114 |
| Faire la part des choses | 121 |
| Faire preuve de réalisme positif | 123 |
| Être au fait de ce qui se passe | 127 |
| Protéger l'entreprise | 135 |

### ÊTRE ÉQUILIBRÉ .......................................... 139

| | |
|---|---|
| Concilier vie privée et vie entrepreneuriale | 140 |
| Ne pas confondre faiblesse et respect | 143 |
| Doser rationalité et intuition | 145 |
| Ne pas confondre confiance et arrogance | 151 |
| Savoir quand et comment bouger | 156 |
| Balancer les comptes | 159 |
| S'impliquer avec détachement | 163 |

### ÊTRE VIGILANT ........................................... 165

| | |
|---|---|
| Rester alerte | 166 |
| Viser l'efficience | 172 |
| Ne rien tenir pour acquis | 176 |
| S'adapter au mouvement | 180 |
| Éviter les excès | 183 |
| Voir au-delà de soi | 188 |

### ÉPILOGUE .................................................. 193

© Attitudes d'Entrepreneur

# PROLOGUE

Devenir entrepreneur et détenir sa propre entreprise est le rêve de plusieurs personnes. Dans un désir d'accomplissement, c'est l'occasion de démontrer l'ampleur de son talent ou la qualité de sa compétence. Plusieurs y voient la possibilité d'exploiter une bonne idée et de faire quelque chose d'utile pour la société. Être maître de sa destinée et S'accomplir. Toute personne qui s'embarque dans un tel projet désire assurément réussir au mieux. C'est légitime et valorisant.

Quelles sont les attitudes gagnantes?

Au fil des années, j'ai observé et vécu, pris des notes, puis analysé bon nombre de situations d'affaires. J'ai constamment cherché à prendre du recul afin de comprendre le comportement des parties en présence ainsi que l'impact des pensées, des paroles et des gestes. Pourquoi? Qu'est-ce qui peut faire la différence entre réussir ou non? Comment agir pour le mieux-être de l'individu-entrepreneur? Ce volume présente le fruit de ce questionnement, dans l'aide aux individus.

Être plutôt qu'avoir.

Mon but est d'amener l'entrepreneur à la réflexion quant aux comportements adoptés ou à adopter.

Le volume ne traite pas des sujets habituels de l'entrepreneuriat. Celui ou Celle qui désire se renseigner sur les différentes sources de financement, par exemple, ou sur les étapes nécessaires à l'enregistrement d'un brevet ne trouvera pas la réponse ici. Ce n'est également pas un essai managérial ou psychologique qui traite des styles de leadership ou des types de personnalité, par exemple. De nombreux écrits sont actuellement disponibles pour qui s'intéresse à ces sujets.

Ne vous surprenez toutefois pas de remarquer l'appel à quelques notions de comptabilité et de gestion de base. Cela fait partie intégrante de ma formation et de ma personne. Les notions utilisées permettent une meilleure illustration de mes propos. Cela ne prétend aucunement couvrir tous les aspects comptables et administratifs requis par le fonctionnement d'une entreprise.*

Le volume *Attitudes d'Entrepreneur* est un livre humain qui aborde les comportements et les attitudes en sept thèmes : Être Conscient, Être Responsable, Être Honnête, Être Conséquent, Être Chef, Être Équilibré,

Être Vigilant. Il sensibilise l'entrepreneur à se questionner sur ce qui se passe, dans une attitude positive et constructive. Le volume se lit et se relit à petites doses, un peu chaque jour, afin de prendre le temps d'en assumer pleinement le contenu et ses implications.

Le volume porte sur les façons d'être. Il expose les façons d'agir, d'avancer et de traverser la création et l'exploitation d'une entreprise, peu importe sa taille. Se sentir bien dans ce que l'on fait m'apparaît indispensable. Certains entrepreneurs se lancent dans leur projet sans vraiment réaliser ce qui les attend. Ils doivent développer de multiples talents, puis s'intéresser à une grande variété de domaines. Le profil est polyvalent; l'être autodidacte. L'entrepreneur doit aussi interagir avec de nombreuses parties prenantes : partenaires, employés, clients, fournisseurs et bailleurs de fonds. La mise en place d'attitudes appropriées facilite l'exploitation de l'entreprise et le mieux-être de l'individu.

L'entrepreneur bâtit. C'est dans son tempérament.

Aller plus loin.

Afin de stimuler la réflexion sur les idées avancées, de nombreux exemples sont intégrés au texte. Ces exemples sont réels ou s'inspirent de situations réellement vécues dans l'entrepreneuriat. Les exemples du volume *Attitudes d'Entrepreneur* offrent le compte rendu de ce qui s'est passé en insistant essentiellement sur les faits. Le lecteur est donc invité à se questionner, puis à forger sa propre opinion, dans la considération des différentes attitudes pouvant être adoptées.

Il m'apparaît nécessaire de tendre vers un comportement qui vise à faire mieux de jour en jour, personnellement et professionnellement. Apprendre et s'améliorer est certainement gratifiant. Lorsqu'il réussit à prendre du recul face aux événements et s'ajuster aux nombreuses nuances de la vie entrepreneuriale, l'entrepreneur en sort tout simplement gagnant.

---

\* Pour le lecteur qui souhaite améliorer ses connaissances en comptabilité, le volume *Votre argent : Chaque décision compte Comptabilité pour tous*, du même auteur, présente avec dynamisme les notions comptables de base, pour une meilleure gestion de ses affaires.

# ÊTRE CONSCIENT

*« Les obstacles placés sur la route
sont des occasions de démontrer notre savoir-faire. »*

# ÊTRE CONSCIENT

Le premier thème de ce volume concerne la conscience, c'est-à-dire la capacité de connaître et de réfléchir sur ce qui fait partie de notre vie. Être Conscient signifie la prise en considération de diverses variables dans l'exécution, de manière objective et constructive. Je désire discuter des attitudes que je considère comme nécessaires au fonctionnement réussi d'une entreprise.

**Préciser ses motivations**

La question est simple, mais fondamentale : Pourquoi créer sa propre entreprise? La plupart des entrepreneurs vont hésiter un peu avant de s'avancer, car plusieurs aspects entrent en ligne de compte. Certains vont finalement répondre « parce que je veux être mon propre patron », d'autres « parce que je désire un horaire de travail flexible », pendant que plusieurs « veulent faire de l'argent! ». Le but de mon propos n'est pas de juger de la légitimité des motifs, mais de sensibiliser sur la nécessité de prendre le temps de les énoncer.

Préciser ses motivations est le point de départ indéniable d'un projet. Cela sert de référence tout au long du processus, pour ultimement servir l'évaluation des réalisations. Dans cette optique, il faut éviter d'énoncer sa pensée d'une manière trop générale. Ainsi, « être son propre patron » ne me paraît pas assez précis. Quels aspects vous intéressent plus particulièrement? Est-ce l'opportunité de rencontrer des clients afin de présenter vos produits? Est-ce la possibilité de prendre des décisions? ou encore, Est-ce l'occasion de pouvoir améliorer la vie d'autres personnes?

Intention entrepreneuriale? La volonté de...

En fait, il faut identifier quelles sont vos intentions de manière à pouvoir mieux diriger les efforts vers ce qui est important à vos yeux. Lorsque l'objectif est mal défini ou trop général, il y a davantage de risque d'insatisfaction. Il est plus facile de trouver une faille dans ce qui est vague, pour ensuite dire que cela ne fonctionne pas aussi bien que prévu. Il m'apparaît important de faire ressortir le ou les buts fondamentaux qui motivent tout projet. Que désirez-vous faire? Qu'est-ce que vous aimez? Dans quoi excellez-vous?

Un objectif trop général est plus difficile à satisfaire.

Un objectif concret, découlant de ce qui passionne,
sera assurément porteur.

Outre le caractère concret de ses objectifs, il faut demeurer réaliste dans ses motivations. Vouloir « révolutionner le monde de… » peut se dire à la blague entre amis, mais c'est une autre histoire de vouloir à tout prix réaliser ce rêve. Certaines personnes démarrent leur entreprise avec des ambitions telles qu'elles seront nécessairement déçues. Il faut donc voir au-delà de l'immédiat dans la planification des événements, y croire fermement, tout en demeurant dans le domaine de ce qui est réalisable. Être patient et dirigé. La plupart des entrepreneurs vont d'ailleurs dire qu'ils ont investi et investissent plus d'heures que prévu dans leur entreprise.

Planifier → Exécuter → Évaluer et Réévaluer → Améliorer

Chaque jour est différent.

Passion. Détermination. Discipline.


L'importance du profit

Mentionnons d'emblée que je n'ai rien contre le fait de vouloir faire du profit. C'est normal. L'entrepreneur développe une idée, investit temps et argent, crée de l'emploi, puis chapeaute l'ensemble des opérations. Il prend des risques. La récolte des fruits de son travail est une nécessité absolue.

Je crois fermement que « faire du profit » ne devrait pas être la seule et unique motivation d'un projet, quel qu'il soit. L'argent est en lui-même un bien de consommation de courte durée, aux joies éphémères. Dans le quotidien de la gestion d'une entreprise, il m'apparaît essentiel de se référer à des objectifs plus valorisants. Je vous suggère donc de prendre le temps de répondre à la question suivante : « Quels sont les aspects de l'entrepreneuriat qui contribuent à mon enrichissement personnel? » Vouloir ainsi amener les gens à s'intéresser aux médecines douces ou vouloir offrir un produit de meilleure qualité que ceux actuellement offerts sur le marché sert de catalyseur tout au long de la démarche d'entrepreneuriat.

On devrait remarquer un lien entre les valeurs et les préférences d'un individu et les objectifs qu'il cherche à atteindre *via* son entreprise. Une telle congruence est indispensable au succès. L'entrepreneur doit régulièrement prendre le temps de s'en assurer. Une personne qui valorise le contact personnalisé avec la clientèle, par exemple, devrait faire en sorte d'établir un horaire de travail le lui permettant. Quel genre de réussite désire-t-on? Il n'y a pas que l'aboutissement qui compte – ni le profit –, mais aussi la manière d'y arriver.

La réussite d'une entreprise a de multiples visages.

Ses forces et ses faiblesses

Toute personne désirant créer son entreprise doit être consciente que cela requiert plusieurs aptitudes. On parle, entre autres d'embaucher du personnel, de planifier la publicité ou de préparer une demande de subvention. Ces activités sont fort différentes les unes des autres. Avoir une bonne idée est une chose, la mettre sur pied en est une autre. La réalisation pratique s'avère parfois plus compliquée qu'on le pense. À mon avis, l'entrepreneur qui prend le temps de relever ses forces et ses faiblesses part avec une longueur d'avance. On peut d'ailleurs créer un tableau en deux colonnes à cet effet : les forces d'un côté; les faiblesses de l'autre.

La détermination des forces permet à tout individu de préciser les endroits où il est à son meilleur. Nul doute qu'il faut tabler sur celles-ci. Un inventeur doit assurément participer au développement de son produit, par exemple. Bien que cela aille de soi, cela ne se passe pas toujours ainsi. C'est que la plupart des entrepreneurs désirent faire partie intégrante de « tous » les aspects de « leur » entreprise. Bien que ce soit fort compréhensible, cela amène parfois des distorsions dans la répartition du travail à faire. En d'autres termes, sous prétexte de vouloir contrôler chaque étape d'un projet, certaines personnes peuvent refuser toute aide extérieure, ou encore, reconnaître de manière mitigée l'apport externe disponible. Ce faisant, elles peuvent même en venir à négliger les aspects dans lesquels leur talent serait mieux utilisé.

*****

*Il vient d'inventer un système d'échafaudage
qui surpasse les produits actuels sur le marché :
plus léger, plus facile à transporter et plus rapide à monter-démonter.*

*Il désire demander un brevet afin de protéger son invention.*

*Il reporte la préparation de la « paperasse » nécessaire,
car il ne sait pas vraiment comment remplir une telle demande.*

*Il accorde toute son attention au développement du produit.*

*Il apprend plus tard que l'obtention d'une aide financière exige la
délivrance d'un brevet.*

© Attitudes d'Entrepreneur

*Son projet doit alors être reporté de plusieurs mois.*

\*\*\*\*\*

Une personne qui admet son incapacité ou son manque d'intérêt – et c'est plus facile à dire qu'à faire – pourra éventuellement mieux déterminer ses besoins. Elle peut alors planifier une courte formation, une recherche d'informations ou s'entourer des personnes-ressources appropriées. Pour toute faiblesse relevée, je suggère la détermination d'un moyen concret pour éliminer ou mitiger son impact.

### Évaluer objectivement ses idées

Disons d'emblée que la plupart des entrepreneurs sont des gens passionnés et déterminés. Ils ont confiance en leurs idées et s'investissent pleinement dans leur entreprise. Ils y croient vraiment! Parfois même à l'encontre de l'opinion de leur entourage. N'eût été leur entêtement à poursuivre, nombre d'entrepreneurs auraient pu lâcher sur la seule base des commentaires entendus. Cette passion ou ce désir de faire des affaires en faisant quelque chose de différent les porte tout au long du processus. Avoir confiance en ses motifs est certainement un facteur favorisant la réussite d'une entreprise.

*L'objectivité vient avec le recul.*

Dans la réalisation de tout projet, il m'apparaît indispensable de demeurer objectif, c'est-à-dire « de garder la tête froide ». Lorsqu'on s'emballe trop, il arrive que les risques soient mal évalués. À l'inverse, une trop grande prudence mène à la sous-estimation des opportunités. Il faut, autant que faire se peut, évaluer ce qui se passe avec le plus d'objectivité possible. En d'autres termes, il faut régulièrement prendre du recul et adopter l'attitude de celui qui examine la situation avec un certain détachement.

\*\*\*\*\*

*« Je suis certaine que les clients vont accepter de payer plus cher pour ce produit! »*

*« Tu es sûre? » peut-être que oui, peut-être que non …*

*« Comment comptes-tu te distinguer de la concurrence? »*

\*\*\*\*\*

### La gestion des peurs

C'est indéniable! Notre personnalité et nos expériences antérieures influencent constamment notre façon d'évaluer les événements, dans le meilleur et dans le pire. Comme avancé précédemment, la détermination de ses forces et de ses faiblesses permet, entre autres l'identification des aspects pouvant créer des difficultés dans la gestion d'une entreprise. Il faut plus particulièrement porter attention à ce qui vous fait peur. Quelles sont vos craintes? Avoir peur d'échouer ou de manquer d'argent, par exemple, peut malheureusement obnubiler la pensée au point d'empêcher quelqu'un de passer à l'action. Être en confiance que le meilleur est là aide à chasser les doutes. Il faut apprendre à laisser tomber l'inquiétude.

*Avoir peur de… peut freiner l'entrepreneuriat.*

Certains pensent qu'un bon entrepreneur n'a peur de rien. Je n'y crois pas. D'autres pensent que l'entrepreneur sait toujours quoi dire et quoi faire. Je n'y crois pas non plus. C'est que certaines personnes acceptent, cachent ou expriment mieux que d'autres leurs craintes. Il faut également dire qu'il n'est pas si évident d'identifier quels sont nos points faibles. Les verbaliser – du moins intérieurement – est déjà un premier pas.

*****

*Il a peur de ne pas avoir suffisamment de pièces de rechange dans l'inventaire.*
*Il a peur de ne pas pouvoir servir assez rapidement ses clients.*
*Il commande beaucoup de pièces.*
*Il en a trop, certaines ne seront jamais vendues.*
*Il doit toutefois payer son fournisseur.*
*Il se demande comment y arriver.*

*****

À toujours chercher ce qui manque,

on est toujours en manque de quelque chose.

Je vous suggère de prendre le temps de faire ressortir les aspects de la gestion d'entreprise qui vous font peur, qui vous inquiète. Il faut par la suite, autant que faire se peut, les envisager avec le plus d'impartialité possible. Qu'est-ce qui risque d'arriver? Jauger *a priori* l'impact de… et les conséquences de… démystifie. Ainsi, avoir peur de ne pas recruter le bon employé peut s'exprimer plus précisément par la crainte de ne pas poser les bonnes questions ou la crainte de ne pas expliquer adéquatement ce qu'on attend de lui. Exprimé de cette façon, le problème paraît moins gros et devient plus facile à résoudre.

Prendre une décision n'est pas une chose facile. Certes, peser le pour et le contre aide à minimiser les inquiétudes, mais certains entrepreneurs trouvent l'exercice tout de même difficile. C'est qu'on détient rarement toutes les informations. On ne connaît pas l'avenir. Il faut faire au mieux avec ce qu'on a, au moment présent. Disons aussi qu'il est normal de balancer d'un bord et de l'autre. Avec l'expérience, je me suis rendu compte que l'idéal, pour moi, consiste à prendre une décision le matin. Je suis enthousiaste envers la journée à venir et surtout claire et objective dans mes pensées. En cas de doute, j'attends un peu. Lorsque je me lève quelques matins de suite avec la même idée à entreprendre, je me dis que c'est la chose à faire. Lorsqu'on se sent en harmonie avec une décision, c'est probablement le bon choix. Remarquez le mot « probablement », car il faut se faire à l'idée que les situations de pleine certitude décisionnelle sont rares.

Déterminez quel est le moment idéal, pour vous, pour prendre une décision. Quelles sont les meilleures conditions environnantes? Soyez conscient de ce moment où la clarté de vos idées est la meilleure, puis utilisez-le à bon escient. L'avant-midi? En pratiquant une technique de relaxation? Après votre séance de gym? Personnellement, je prends le temps d'énoncer clairement la question, puis j'attends que la réponse se manifeste, d'une manière ou d'une autre.


L'intuition

Bien que mes propos puissent faire sursauter quelques personnes, je crois fermement que l'intuition est omniprésente dans l'entrepreneuriat. Je ne crois pas que tout se calcule, se planifie ou se raisonne. Il arrive d'ailleurs régulièrement qu'un entrepreneur admette ne pas savoir d'où lui est venue telle ou telle idée. Qu'est-ce qui a provoqué ce déclic? Certes, l'expérience, la compétence ou le désir de faire les choses autrement sont des facteurs inhérents à la création d'idées, mais cela n'explique pas tout. Personnellement, je peux dire que j'ai eu de très bonnes idées à des moments où je ne m'y attendais pas, en marchant, en faisant du rangement ou même en vacances! Ces idées impromptues s'échappent si facilement que je les prends en note pour y revenir plus tard.

Il suffit parfois de quelques secondes pour considérer les idées intuitives qui nous viennent à l'esprit. Les considérer veut dire les verbaliser, les soupeser, pour les retenir ou non. Certaines personnes ne les entendent même pas, alors que d'autres les balaient du revers de la main. C'est dommage, car elles ne sont pas toutes inutiles ou farfelues. Elles apportent parfois la solution à un problème ou ajoutent une dimension nouvelle à la situation.

Un entrepreneur peut certainement être intuitif.

*****

*Elle ne sait pas pourquoi, mais elle n'arrive pas à faire confiance à ce client.*

*Plus elle y pense, et plus elle se dit qu'il n'y a pas de raison logique à cette pensée.*

*Sa raison l'emporte. Elle décide d'accepter sa commande.*

*Quelques semaines plus tard, le client se place sous la protection de la Loi de la faillite.*

*Elle ne pourra récupérer ni les marchandises ni le solde dû.*

*****

La rationalisation de ses pensées est un phénomène courant, en particulier dans le monde des affaires. Disons aussi que certains individus sont plus à l'aise que d'autres dans l'écoute de leur intuition. J'utilise personnellement l'expression « intuition raisonnée » qui signifie que l'application d'une idée doit faire l'objet d'une certaine analyse objective. Donnez une chance à vos idées intuitives de se prouver valables !

La retenue

La plupart des entrepreneurs vont facilement parler de leurs projets, des nouvelles applications qu'ils espèrent développer, du contrat qu'ils s'apprêtent à signer. Il est fort légitime de vouloir faire part de ses réalisations, avec emphase et fierté. Soyez toutefois prudent lorsque vous répandez la bonne nouvelle, verbalement ou par écrit. Un concurrent pourrait entendre l'idée et l'exploiter avant vous. Assurez-vous ainsi de réserver le nom de votre entreprise ainsi que l'usage exclusif du logo que vous avez mis des semaines à dessiner.

Annoncer la nouvelle? Au moment propice.

## Considérer l'environnement

Tout en étant fondamentalement interreliés, il y a une différence à faire entre l'entrepreneur et son entreprise. Les risques d'un projet ne dépendent généralement pas de la personnalité de l'entrepreneur. Ou encore, les obstacles rencontrés en cours de réalisation ne sont pas des visées personnelles contre lui. La plupart des entrepreneurs ayant réussi vont admettre s'être trouvés au bon endroit au bon moment. Une entreprise qui prospère aujourd'hui n'aurait peut-être pas réussi autant il y a seulement cinq ans.

L'entrepreneur doit être conscient de son environnement. Pour bien fonctionner, une entreprise doit répondre à des besoins. C'est fondamental. Développer un bon produit est une chose, trouver preneur en est une autre. Il ne suffit donc pas que le service soit hors pair ou que le produit fonctionne. Il faut aussi que les clients soient intéressés. Essayons de « se mettre à la place du client » afin d'identifier ce qu'il désire. De gros ou de petits formats? En d'autres termes, l'entrepreneur doit faire fi de ses propres habitudes de vie pour tenir compte de celles des gens du marché qu'il vise. Un restaurateur qui n'aime pas le poisson ne s'empêchera certainement pas d'en inscrire au menu si la clientèle en demande. Il ne devrait également pas aller à l'encontre de la tendance du marché en refusant de remplacer les pommes de terre par de la salade.

La création de valeur

Au fil du développement de ses idées, l'entrepreneur doit se questionner : Qu'est-ce qui a de la valeur pour le client? et, Que désire-t-on lui offrir? Ces deux questions sont grandement liées. Il faut essentiellement attirer les clients en répondant à leurs besoins tout en se distinguant de la concurrence. Lorsqu'il élabore sa stratégie, l'entrepreneur doit déterminer ce qu'il désire faire valoir. Il peut choisir de fournir une vaste gamme de services ou de produits, au plus bas prix possible. Il peut aussi choisir d'offrir des services et des produits de qualité supérieure à ce qui se trouve sur le marché. Il peut finalement choisir de répondre aux besoins particuliers, parfois sur commande, des clients. Bien qu'il puisse vouloir faire un peu de tout cela, l'entrepreneur va généralement focaliser sur l'un de ces aspects. Et, ce choix devra naturellement s'apparier avec ses valeurs fondamentales.

*****

*« Comment en êtes-vous arrivés à développer cette idée? »*

*« Nous avons remarqué que les vendeurs actuels, présents sur le marché, se spécialisent tous dans une marque donnée. Ils fournissent les pièces d'un seul fabricant.*

*Nous avons donc créé un endroit où les gens pouvaient obtenir des pièces de remplacement pour véhicules motorisés, quelle que soit la marque.*

*Nous offrons une grande diversité de produits à des prix concurrentiels.*

*Il est important pour nous de fournir un service rapide à nos clients. »*

*****

Être Conscient

Compte tenu du domaine d'activités dans lequel il désire œuvrer, l'entrepreneur doit observer l'environnement, puis se questionner sur la direction qu'il entend prendre. Il doit déterminer son créneau. Qu'est-ce qui caractérise le secteur visé? Qui sont les concurrents? Qu'est-ce qu'ils font de particulier ou Qu'est-ce qu'ils ne font pas? Qui sont leurs clients? Quel est le potentiel du marché visé? À ce stade de son questionnement, l'entrepreneur peut d'ailleurs avoir besoin d'aide pour effectuer une meilleure analyse du marché.

La mission

Je considère qu'arriver à préciser en peu de lignes, par écrit, l'essentiel d'une entreprise fait partie intégrante de la réflexion entrepreneuriale. La mission est le point de départ de toute stratégie d'affaires. Dans l'élaboration de votre mission, tenez compte de ce qui vous distingue et des forces que vous aurez préalablement identifiées. Bref, déterminez clairement votre spécialité, votre marque de commerce, votre marché ou votre leitmotiv. Vous pourrez ensuite dessiner un logo ou composer un slogan qui met en évidence, sans ambiguïté, ce qui vous représente. Désirez-vous créer quelque chose de nouveau, réinventer quelque chose de connu, corriger une problématique actuelle, revisiter les processus ou tout simplement éliminer un intermédiaire? Lorsqu'un entrepreneur a bien déterminé ce qu'il désire faire, les objectifs et moyens d'y arriver sont plus faciles à mettre en œuvre. Choisir quels produits offrir, par exemple, se décide plus rapidement. La raison d'être de votre entreprise ou sa mission devrait être gardée à portée de la main, pour être régulièrement relue.

*****

*« Présenter des idées cadeaux et trouvailles originales créées par des artisans locaux. »*

*****

*« Offrir des produits de qualité fabriqués à partir de la laine de mouton. »*

*****

*« Piquer la curiosité en faisant découvrir les variétés et propriétés du miel. »*

*****

Il faut faire ressortir ce que j'appelle les éléments porteurs de l'entreprise. Faites l'effort d'en identifier au moins trois en vous questionnant sur les particularités de ce que vous offrez (quoi), à qui, et parfois où. Précisez vos intentions. Créez votre identité. Offrir un produit de qualité est un objectif important pour vous? Consignez-le. Viser la clientèle des jeunes familles est un aspect clé? À prendre en considération. Un objectif tel que « vendre le plus possible de produits au plus grand nombre de personnes possibles » est trop vague ou trop général. Lorsqu'arrivera le temps de déterminer, par exemple, quel genre de publicité faire, cet énoncé sera peu utile. En contrepartie, vouloir intéresser les jeunes familles facilite grandement le choix du contenu d'une brochure publicitaire.

En fait, bien cibler sa niche est un facteur clé de réussite en affaires. Cela permet de cerner avec davantage de justesse les conditions gagnantes qui favoriseront la cohérence du fonctionnement de l'entreprise. Cela ne consiste pas nécessairement à choisir ce qui est le plus payant. Plus payant rime souvent avec davantage de concurrents. Or, l'entrepreneur qui débute désire se démarquer et attirer l'attention. Il lui arrivera certainement d'accepter des contrats dans cet objectif. Qu'est-ce que la concurrence offre ou n'offre pas?

*****

*Son concept consiste à « Offrir une vaste gamme de soins de beauté dans un décor calme et apaisant. »*

*Par souci d'économie, elle loue le local vacant situé près d'une animalerie.*

*Le bruit et le va-et-vient chez ce voisin sont fort dérangeants.*

*La clientèle n'est pas au rendez-vous.*

*****

Les aspects positifs et les aspects négatifs

Dans l'évaluation d'un projet, il est généralement plus facile de faire la liste des aspects positifs qui en découle. Quelles sont les forces et les opportunités? Qu'est-ce qui rend le service ou le produit unique? et, Quels sont les éléments porteurs? La réponse à ces questions précise et concrétise ce que l'entrepreneur désire faire. La difficulté n'est pas de voir quels sont les aspects positifs, mais plutôt de les évaluer avec objectivité. Il faut dire que la tendance naturelle de l'être humain, face à un projet qui l'emballe, est de voir seulement le bon côté des choses. C'est compréhensible, et jusqu'à un certain point nécessaire, pour que les idées puissent avancer et voir le jour. Ce comportement que je qualifie de « biais émotif » est particulièrement fort lors du démarrage d'une entreprise ou lors du développement d'une nouvelle idée.

Être conscient qu'un biais existe, c'est déjà en diminuer l'impact.

( Être Conscient )

Il m'apparaît donc indispensable et fort utile de prendre le temps de dresser la liste des aspects négatifs. Quelles sont les faiblesses et les menaces? Existe-t-il des contraintes ou des dépendances avec lesquelles on doit composer? Quels sont les obstacles? Il n'est pas si évident d'entrevoir les difficultés potentielles d'un projet, à l'étape de sa conception de surcroît. C'est malheureusement souvent oublié ou trop rapidement mis de côté. Il faut à tout le moins envisager ce qui peut moins bien fonctionner. Qu'est-ce qui peut menacer la survie de l'entreprise? Quels sont les risques? Il n'y a pas de certitude absolue lorsqu'on envisage de gérer sa propre entreprise. On peut toutefois apprendre à considérer les éléments négatifs dans une juste perspective, car cela permet l'élaboration de moyens ou de solutions pour les mitiger ou les éliminer. Personnellement, face à un projet ou une décision à prendre, j'essaie de faire ressortir au moins trois aspects positifs et au moins trois aspects négatifs.

*****

*Il achète sa matière première aux États-Unis.*

*Le coût est en dollar américain.*

*Le produit se vend au Canada, en dollar canadien.*

*Il n'avait pas considéré les variations potentielles du taux de change.*

*Après quelques mois, il constate que son profit est beaucoup moins élevé que prévu.*

*****

Le fait d'identifier les aspects négatifs permet assurément à l'entrepreneur de planifier ses réactions en conséquence. Certes, on ne peut pas toujours éliminer un risque ou contourner un obstacle, mais on peut à tout le moins élaborer des solutions qui amoindrissent leur impact. La présence d'une difficulté oblige la réaffirmation de ses positions, pour le meilleur. Un obstacle identifié est plus facile à gérer. En fait, l'attitude gagnante consiste à y voir une occasion de se démarquer ou de faire valoir ses talents. La manière dont on y a fait face est souvent ce qu'on retiendra de l'histoire.

*****

*Elle désire ouvrir une croissanterie.*

*Par règlement de la Ville, les camions de livraison peuvent circuler sur la rue de sa boutique entre 7 h et 10 h seulement.*

*Elle ajuste alors ses heures d'ouverture afin de s'assurer de la présence d'un employé sur place.*

*****

© Attitudes d'Entrepreneur

L'identification des écueils potentiels au projet envisagé ne l'invalide absolument pas. Cela renforce plutôt sa crédibilité. Dans l'évaluation d'un projet qui passionne, la tendance naturelle est de donner plus de poids aux opportunités (et avantages) et pas assez aux menaces et risques (ou désavantages). Mon propos consiste donc à vous sensibiliser sur la nécessité de faire la part des choses, pour un succès plus solide. Il faut en outre être conscient que le poids des éléments à considérer peut varier. Les opportunités et les menaces au projet n'ont pas toutes le même poids. Certaines ont plus d'importance que d'autres et je vous suggère justement de les classer par ordre d'importance.

Il faut également savoir que l'entrepreneur lui-même, par sa personnalité et ses valeurs, peut, consciemment ou non, et rationnellement ou non, influencer son évaluation de l'importance des choses. Qu'est-ce qui conditionne ses réactions? Il faut être conscient de la présence possible de biais émotifs.

*****

*Elle a voulu augmenter ses ventes en réduisant les prix.
Les concurrents ont suivi le pas.*

*En fin de compte, ce ne fut pas une bonne idée.*

*Les ventes et les profits ont diminué.*

*Depuis ce temps, elle est nerveuse
dès qu'on lui parle de changer les prix de vente.*

*Elle a peur de prendre une autre mauvaise décision.*

*****


## Planifier la réalisation des projets

Tout projet débute par une idée que l'on veut développer. L'idée est habituellement assez claire où, par exemple, une notaire désire s'établir à son compte. Un autre entrepreneur peut tout simplement vouloir ajouter le service de livraison à sa gamme actuelle de services. C'est la façon d'y arriver – comment – qui est souvent un peu nébuleuse. Et, compte tenu de la nature même d'un projet d'entreprise, on ne sait pas toujours dans quoi l'on s'embarque.

Comment y arriver?

Afin de faciliter la réalisation d'un projet, je vous suggère de le décortiquer en étapes qui précisent la manière d'atteindre le but fixé. Outre l'aspect stimulant de pouvoir mieux en mesurer l'avancement, cela favorise une meilleure répartition du temps et des ressources. Un projet faisant l'objet d'un minimum d'organisation sera plus facile à gérer. Cela fait ressortir les différents aspects, assez diversifiés les uns des autres, ainsi que les impacts les uns sur les autres. On oublie moins de choses! Certes, c'est l'entrepreneur qui chapeaute le tout, mais il peut ainsi plus facilement identifier quelles parties pourraient être déléguées à d'autres.

1- Imaginer → 2- Visualiser → 3- Concrétiser

Je vous suggère fortement de préparer un programme ou un plan d'affaires en bonne et due forme, préférablement par écrit. Un tel plan contient les principales étapes requises à la réalisation d'un projet, en ordre chronologique. Cela aide à garder l'œil sur l'objectif. Notons aussi que faire des dessins ou des schémas permet souvent une meilleure visualisation de l'ensemble. Le niveau de détails requis dépend des circonstances, des besoins et de la personnalité de l'entrepreneur. La simplicité d'un projet, par exemple, peut requérir une courte planification sur le plan mental seulement.

*****

> *« Mon ami m'a demandé de lui expliquer ce que je voulais faire.*
>
> *J'ai illustré le projet sur une seule page.*
>
> *J'y ai inscrit quelques mots clés dans des cercles avec des flèches et quelques explications autour.*
>
> *J'ai élaboré davantage mon plan par la suite, mais j'ai toujours gardé cette feuille.*
>
> *Tout était là! »*

*****

On crée une nouvelle entreprise ou<br>
l'on reprend une entreprise existante?

On vise la croissance à l'interne ou la vente de franchises?

L'ordonnancement des actions et leurs interrelations

Les étapes nécessaires à la création d'une entreprise ou à la pré-commercialisation d'un nouveau produit contiennent un nombre variable d'actions à entreprendre. Personnellement, j'exprime chacune de ces actions en débutant par un verbe à l'infinitif. Par exemple, dans l'étape de la construction d'un espace de travail, on pourrait y voir ceci : « Contacter le Service d'urbanisme de la Ville afin d'obtenir un permis de rénovation ». On remarque ici que l'action est très précise : quoi faire et pourquoi. Mentionnons aussi que la planification de tout projet – ainsi que sa réalisation – n'est pas un processus strictement linéaire où l'on doit absolument terminer une étape avant d'entreprendre la suivante. L'avancement d'un projet est un processus plutôt interactif. L'entrepreneur va et vient d'une étape à l'autre, dans une attitude d'adaptation.

Dans la détermination des actions à entreprendre (QUOI FAIRE), il faut considérer le fait que certaines actions puissent être préalables à la réalisation de d'autres. Il faut, d'une manière ou d'une autre, mettre en évidence cet ordonnancement afin de ne pas retarder l'ensemble du projet. Quelle est l'action qui requiert le plus de temps? Quelle est l'action qui limite ou retarde le plus l'avancement du projet? Existe-t-il une date d'échéance? Puisque certaines actions sont plus critiques que d'autres, on peut les mettre en évidence dans l'horaire. S'assurer d'obtenir l'autorisation d'ouvrir un nouveau commerce à l'endroit choisi, par exemple, est certainement une étape prioritaire à l'achat du matériel. On doit aussi tenir compte des exigences du créancier ou de l'organisme auprès duquel l'entrepreneur sollicite de l'aide financière.

Dans la création d'une entreprise, plusieurs actions de diverses natures peuvent donc être exécutées en concomitance. L'entrepreneur peut très bien entreprendre des démarches auprès du créancier tout en élaborant son plan de rénovation. L'un n'empêche pas l'autre, mais l'un peut certainement influencer l'autre. Il faut ainsi comprendre que les étapes d'un projet sont assurément interreliées les unes aux autres. On remarque d'ailleurs bien souvent que certains éléments du programme s'expriment comme suit :

« SI la réponse est ceci…, alors il faudra faire cela… »

« SI j'obtiens cela…, j'aurai donc besoin de ceci… »

Je vous suggère de tracer le cheminement des actions séquentielles sous la forme d'un arbre de décisions qui considère différentes avenues. L'entrepreneur peut ainsi mieux évaluer l'implication des choix qu'il doit faire. Qu'obtient-on? À quoi renonce-t-on? Lorsque la démarche est structurée, les actions à entreprendre ainsi que leurs conséquences apparaissent plus clairement. Lorsqu'il faut choisir entre deux options dites concurrentielles, où seulement l'une des deux sera retenue, il faut particulièrement faire ressortir l'aspect comparatif. On achète ou on loue l'équipement?

*****

*Une cliente importante demande un rabais de 3 $ par sac, sous prétexte que la concurrence est de plus en plus vive.*

( Être Conscient )

*Avant de répondre OUI ou NON, il faut évaluer les impacts potentiels.*
*Qu'arrive-t-il SI l'on refuse la baisse de prix?*
*On perd la cliente? Peut-on vendre les sacs à d'autres clients?*
*Qu'arrive-t-il SI l'on accepte la baisse de prix?*
*Crée-t-on du mécontentement chez les autres clients?*

\*\*\*\*\*

L'échéancier

Le temps nécessaire à la réalisation de chaque étape, et parfois de chaque action requise, devrait être approximé. Ceci permet d'avoir une vue plus réaliste du déroulement d'un projet. La plupart des entrepreneurs trouvent que c'est plus long que prévu. D'une part, l'entrepreneur ne peut pas toujours s'investir à temps plein dans son entreprise. Il doit, entre autres maintenir son emploi actuel pendant un certain temps avant de s'établir « pour de bon » à son compte. D'autre part, il faut s'attendre à ce qu'il y ait des délais, bien souvent incontrôlables. Je vous suggère d'exprimer tout échéancier sous la forme d'un intervalle de temps, entre 21 et 28 jours, par exemple.

Avoir des attentes réalistes évite la déception.

Il faut distinguer le temps nécessaire à l'exécution et le temps d'attente (QUAND). On peut habituellement contrôler le premier, mais rarement le deuxième. N'hésitez pas à vous informer du délai habituel d'obtention d'un permis de rénovation, par exemple. Envisagez également la possibilité que les autres parties, tel le conseiller financier, aient besoin d'informations supplémentaires. Une telle considération sensibilise à la nécessité de trouver un moment pour répondre rapidement à ce genre de besoins afin de ne pas retarder indûment l'avancement du projet.

Je comprends certainement que toute personne ayant un projet qui lui tient à cœur ait hâte qu'il se concrétise. Entre le moment où l'idée émerge et le moment où elle est en état de fonctionnement, il peut s'écouler plusieurs mois. Il faut faire preuve de patience et s'accorder le temps nécessaire à l'avancement à la fois prudent et confiant de ce que l'on compte réaliser. Certains entrepreneurs oublient ou sautent des étapes pourtant essentielles. Lorsqu'on se montre trop pressé, dans la négociation d'un contrat par exemple, la résultante de l'opération pourrait ne pas être aussi optimale qu'elle le pourrait. Un retard dans l'avancement d'un projet est parfois une bonne chose.

\*\*\*\*\*

*Il désire acquérir un immeuble à logement.*

*Dans son empressement à devenir propriétaire locatif, il passe outre à la possibilité de faire une inspection du bâtiment.*

*L'immeuble est peut-être correct, mais peut-être pas.*

*L'acheteur, en particulier s'il n'a pas d'expérience, prend un risque.*

*Sera-t-il prêt à assumer les conséquences, s'il y en a?*

\*\*\*\*\*

En contrepartie, il serait faux de dire que le temps n'a pas de limites. Il faut savoir saisir l'occasion qui passe, ce qui est l'adage de l'entrepreneur. Il y a des moments où il faut passer à l'action pour ne pas perdre l'opportunité offerte. Lorsque d'autres acheteurs désirent le même bien, par exemple, la rapidité d'exécution compte. Il en va de même d'une négociation en cours. Il faut conclure lorsqu'on désire faire la transaction et que l'autre partie n'offre plus d'ouverture.

L'adaptation aux circonstances

Par définition même, un projet est une ébauche de ce que l'on désire faire ou un but que l'on se propose d'atteindre. Malgré toutes bonnes intentions, il demeure difficile – voire impossible – de tout prévoir. De nouvelles informations peuvent surgir, des éléments auxquels on n'a pas pensé peuvent apparaître, ou encore, l'une des étapes au projet peut requérir davantage de temps. Il faut dès le départ être conscient que le déroulement d'un projet ne se passera probablement pas tout à fait tel que planifié. C'est normal.

Faire preuve d'adaptation est essentiel à la réussite. L'obtention du financement est plus difficile que prévu? La matière requise à la fabrication est disponible en quantité limitée? Les employés compétents sont rares dans le domaine? Cela peut certainement arriver. Il faut tout d'abord apprendre à accepter les obstacles et contraintes placés sur son chemin. Prenez un temps d'arrêt si nécessaire. Puis, reprenez vos idées sous une autre perspective ou envisagez une autre manière de faire. Ne vous attardez pas outre mesure à soulever ce qui manque ou à critiquer ce qui ne marche pas. Allez plutôt de l'avant. Cherchez des solutions. Créez un climat de travail agréable.

Flexibilité et ajustements sont les maîtres mots.

Être Conscient

\*\*\*\*\*

*Elle a toujours rêvé d'ouvrir une savonnerie dans le centre-ville.*

*Or, même après plusieurs mois d'attente, il n'y a toujours pas de local vacant.*

*Elle décide alors de louer ailleurs, en attendant.*

*Elle apprend à aimer son nouvel emplacement.*

*Le local est plus grand, ce qui lui permet de montrer à la clientèle comment elle fabrique ses savons.*

*Elle en vient même à donner de courtes formations sur le sujet.*

\*\*\*\*\*

## Se donner les moyens de réussir

Tout au long du développement et de la réalisation d'un projet, l'entrepreneur est la ressource centrale. Par sa motivation, il est le maître d'œuvre! Il guide, explique, négocie, embauche et fait des plans. Son rôle est assurément multidimensionnel. Par son implication constante, on peut dire qu'un entrepreneur porte l'entreprise sur ses épaules. C'est justement l'une de ses motivations à l'entrepreneuriat.

Il faut toutefois être conscient que le désir de tout faire ou de tout contrôler peut, en certaines circonstances, engendrer certaines difficultés. Il faut tout d'abord admettre que la création ou la gestion d'une entreprise exige un vaste ensemble de compétences. Et, il est clair qu'une seule personne ne les possède pas toutes. Il m'apparaît donc essentiel que l'entrepreneur fasse preuve de discernement dans l'exécution des diverses étapes de tout projet. À mon avis, il doit garder pour lui ce qu'il connaît et fait le mieux, puis s'assurer d'un minimum de compétences dans le reste.

### La recherche d'informations

Je vous suggère de vous assurer d'avoir suffisamment étudié les différents aspects d'un projet avant de vous lancer. Je n'ai pas de doute, par exemple, qu'un jeune diplômé en chiropratique désirant ouvrir son bureau connaisse bien son domaine. Il lui faudra néanmoins s'intéresser, puis se renseigner, sur de nombreux autres aspects qui lui sont moins familiers. Il doit, entre autres choisir l'emplacement, acheter l'équipement nécessaire, embaucher une réceptionniste et planifier la gestion des activités courantes. Certes, tel que nous le verrons plus loin, il peut – et doit – demander de l'aide, mais il doit à tout le moins s'y intéresser suffisamment pour s'impliquer adéquatement dans le processus décisionnel. Disons qu'en général, l'entrepreneur aime apprendre de nouvelles choses. Lui reste à déterminer quel est le meilleur moyen de le faire. Il ne devrait donc pas hésiter à se renseigner auprès des organismes d'aide à l'embauche ou au développement d'entreprises de sa région, par exemple.

Dans un monde où les sites de recherche et les forums de discussion abondent, il faut faire preuve de discernement. Je priorise personnellement la qualité des références plutôt que la quantité. Assurez-vous toujours de la validité des informations disponibles. Deux sources se contredisent? Il faut pousser plus loin la recherche. Certaines personnes ne font malheureusement pas de différence entre un texte qui circule sur le Web et des renseignements provenant d'un site officiel. Il faut aussi faire preuve de scepticisme lorsqu'un document sert également d'outil publicitaire. Vous désirez vous renseigner sur le calcul de la taxe de vente du Québec? Allez directement sur le site gouvernemental, ou encore, faites appel à des volumes de référence crédibles. Vous désirez par contre connaître les forces et faiblesses de vos concurrents? Consultez les forums de discussion ou les sites d'évaluation tout en faisant la part des choses, en particulier lorsque le commentaire émis est anonyme.

*****

*Elle désire exercer la podiatrie à son compte.*

*OÙ?*

*Elle consulte, entre autres les informations sur le site de l'Ordre des podiatres du Québec, puis consulte Canada411.*

*Elle considère le nombre de podiatres en rapport avec la population de la ville.*

*Elle identifie trois villes où elle pourrait s'installer.*

*****

Je vous suggère de demeurer à l'affût de tout événement ou de toute information pouvant venir confirmer, valider ou influencer votre projet d'entreprise. Un article de journal, un reportage télévisé ou le commentaire d'une personne de votre entourage peuvent vous amener à voir les choses différemment.

Les ressources (humaines, financières et matérielles)

La plupart des entrepreneurs essaient de tout faire par eux-mêmes, sous prétexte qu'ils ont une connaissance approfondie du dossier ou tout simplement parce que leurs moyens financiers sont limités. C'est compréhensible. Je désire néanmoins vous sensibiliser à la tendance naturelle de s'investir davantage dans ce que l'on aime ou dans ce que l'on est le meilleur. Soyons également conscients qu'il peut être difficile, pour certains dirigeants, de faire confiance. Bien que ce soit surprenant, il semble même que la réticence à faire appel à d'autres personnes soit accrue lorsqu'il s'agit d'aspects que l'on comprend moins bien. En d'autres termes, une personne mal à l'aise avec les questions légales, par exemple, pourrait avoir davantage de difficultés à déléguer cette tâche à d'autres. Prenez le temps de définir vos besoins en considérant vos propres faiblesses. N'hésitez pas à faire appel au soutien qui comblera ce qui manque.

*****

*Il désire louer un espace pour son garage.*

*Il signe le bail d'un an tel que proposé par le propriétaire.*

*Lors du renouvellement,
il apprend que le loyer de la prochaine année va doubler!*

*C'est en s'informant à ce moment-là qu'il apprend que les règles relatives aux baux commerciaux sont différentes de celles des baux résidentiels.*

*****

Je désire particulièrement insister sur l'aspect financier inhérent à tout projet (COMBIEN). Pour une planification plus réaliste et l'assurance d'un meilleur suivi, je recommande la détermination des coûts de chacune des étapes prévues. Lorsque les sommes envisagées sont importantes, l'obtention au préalable d'une estimation ou d'une soumission permet une évaluation plus juste de ce qui est requis. On peut d'ailleurs prévoir une variation potentielle de 5 % à 10 %, question de se donner une marge de manœuvre.

La plupart des entrepreneurs auront besoin d'obtenir du financement *via* les institutions financières ou *via* l'aide gouvernementale. À cette fin, on demandera vraisemblablement la préparation de prévisions financières. En outre, toute entreprise exige une tenue des livres minimale, ainsi que la préparation de comptes rendus légaux et fiscaux pour l'État. Je vous rappelle qu'un entrepreneur n'a pas nécessairement les compétences nécessaires au bon fonctionnement de tous les aspects de son entreprise. Il peut – ou non – être à l'aise avec la comptabilité. S'il ne l'est pas, il doit être conscient de la nécessité de s'accompagner d'une personne compétente, ne serait-ce qu'à temps partiel.

*****

*Il ne sait pas s'il doit former une compagnie.*

*Une amie lui mentionne qu'il ne doit pas oublier l'impôt.*

*Le spécialiste consulté l'a aidé à comprendre et mieux planifier ses choix.*

*Les impacts fiscaux ont été considérés, puis minimisés.*

\*\*\*\*\*

Le questionnement est simple. Dans la réalisation d'un projet, quelles sont les actions à entreprendre? (QUOI, QUAND) Quel en est le coût approximatif (COMBIEN)? Et, pour le meilleur de l'entreprise, QUI est le mieux placé pour les réaliser? L'entrepreneur devrait axer sur ses forces, puis chercher de l'aide pour compenser ses faiblesses. En certaines circonstances, il devrait évaluer ce que lui coûte son implication (temps requis, impact sur l'échéancier, influence sur la motivation, etc.) comparé au coût de l'embauche d'une ressource. De bons conseils quant à la mise en marché du produit, par exemple, peuvent faciliter l'établissement d'un lien entre l'entrepreneur et sa clientèle.

\*\*\*\*\*

*Il remplit lui-même le formulaire de demande de brevet.*

*Il ne l'adresse tout d'abord pas au bon endroit.*

*Le formulaire lui est par la suite retourné comme étant incomplet …*
*à deux reprises.*

*Ces délais imprévus retardent l'aboutissement du projet.*

*Puis, une fois le brevet accordé, il se rend compte que la description de son invention ne couvre pas tous les aspects critiques.*

*A posteriori, il se rend compte qu'il n'avait ni l'intérêt ni la compétence nécessaire à la réalisation de cette étape.*

\*\*\*\*\*

Lorsque l'entreprise grossit ou lorsque les liquidités sont limitées, l'association avec une autre personne est une avenue souvent envisagée. Trouver le partenaire qui convient n'est pas si facile. Un ami ou un membre de la famille n'est pas automatiquement le meilleur choix. En fait, le partenaire doit essentiellement partager les valeurs fondamentales de l'entrepreneur, tout en lui apportant une certaine complémentarité. Si l'un désire réaliser un fort bénéfice à court terme afin de vendre rapidement l'entreprise pendant que l'autre désire investir dans le développement de nouveaux produits pour le futur, il y a conflit d'objectifs! Des affrontements entre les deux partenaires risquent alors de faire perdre du temps et de l'argent aux parties. Dans les considérations initiales, je suggère la rédaction, en bonne et due forme, d'une convention entre associés ou actionnaires. C'est

Être Conscient

malheureusement trop souvent oublié, par contrainte budgétaire. L'entrepreneur conscient que les choses ne tournent pas toujours comme on le voudrait verra à clarifier toute entente dès le départ.

Il faut unir ses forces, tout en comblant ses faiblesses.

Outre les ressources humaines et financières, l'entrepreneur doit pouvoir compter sur les ressources matérielles nécessaires à la bonne marche de l'entreprise. Par manque de fonds, certains entrepreneurs lésinent parfois sur la qualité de leurs instruments, par exemple. Ou encore, ils retardent l'acquisition d'appareils, d'outils ou de mobilier qui, pourtant, faciliteraient leur travail. Le choix des ressources matérielles fait parfois même partie de la marque de commerce d'un entrepreneur. Lorsqu'il s'agit de la base inhérente au fonctionnement de l'entreprise, il faut s'assurer de combler adéquatement les besoins. Et finalement, pour plusieurs entreprises, la création d'un site Web est indispensable. Un site attrayant et dynamique, qui attire l'attention et qui explique adéquatement ce qui est offert. Il faut être crédible dans ce que l'on est. J'ai en tête l'image du bureau en grand désordre d'un gestionnaire de projets. Comment favoriser l'organisation quand – en apparence du moins – on ne semble pas organisé?

Le mentorat

L'entrepreneur, en particulier dans la phase de démarrage de son entreprise, peut se sentir bien seul. La tâche elle-même en appelle ainsi; l'entrepreneur est le personnage principal de son projet. Il le pilote. Le manque de temps, et d'argent, accentue cette situation. Je suggère à tout entrepreneur d'envisager la possibilité de faire appel à un mentor, ou deux. Une telle relation d'échange et de soutien est très souvent bénéfique. Le chemin de l'entrepreneuriat est parsemé de questionnements. Ce n'est pas tous les jours facile de continuer un projet, en particulier lorsqu'on fait face à quelques difficultés. Dans une période creuse, la présence d'un mentor, expérimenté dans les affaires, est un atout.

*****

*L'entrepreneur exprime sa difficulté*
*à trouver l'endroit idéal pour ouvrir son entreprise.*

*« Pourquoi ne pas envisager d'acheter une entreprise déjà établie?*

*Dans le secteur qui t'intéresse, il y a des gens près de leur retraite, qui désirent transférer ce qu'ils ont bâti à d'autres et qui n'ont pas de relève. Tu pourrais regarder si cela te convient. Tu ne partirais pas de zéro. »*

*****

Aller chercher des avis extérieurs, et parfois de l'aide, n'est pas si évident pour quelqu'un d'autonome. Je désire toutefois vous encourager à poser des questions à ce mentor qui vous accompagne et qui acceptera de vous faire part de ses acquis. Confronter ses idées et obtenir l'avis d'une personne de confiance peut faire une différence. Certains entrepreneurs peuvent également considérer faire partie de ce qu'on appelle un incubateur d'entreprises. Lors des premières étapes de la vie d'un projet entrepreneurial, une telle structure apporte un appui en matière d'hébergement et de financement.

L'autonomie financière

Quels que soient vos objectifs et motivations, il faut assurément en arriver à atteindre l'autonomie financière. Le démarrage d'une entreprise ou la mise en place d'un nouveau service nécessitent souvent des sorties de fonds qui excèdent les rentrées. Cela ne peut naturellement pas durer indéfiniment, et l'entrepreneur doit prévoir la durée de cette période afin de ne pas manquer d'argent. En d'autres termes, il doit faire un budget de trésorerie! La présence de compétences financières m'apparaît indispensable à la bonne marche des affaires.

*****

*Il ne comprend pas pourquoi son compte de banque est au plus bas.*

*Les ventes augmentent pourtant, et il vend ses produits 35 % plus chers que ce qu'ils lui coûtent.*

*Dans son budget, il n'a pas tenu compte du décalage entre la vente et la réception de l'argent.*

*Ainsi, il achète des marchandises, utilise des matériaux, puis embauche des employés, mais ses clients le paient plus tard, soit environ 30 jours après la vente.*

*Vente aujourd'hui; Rentrée de fonds demain.*

*Il a donc entre-temps besoin d'une marge de crédit d'exploitation.*

*****

La préparation d'un budget – mensuel ou hebdomadaire – sert, entre autres, à mettre en évidence le mouvement des liquidités (montant et moment). Cela permet de prendre conscience de la nécessité de limiter ou de reporter certaines sorties de fonds, dans l'objectif de se rendre au bout du projet. L'argent doit être dépensé aux endroits critiques. En période de croissance, nombre d'entreprises manquent de liquidités. Les ventes augmentent; les encaissements tardent. Pour une entreprise saisonnière, les mouvements de fonds peuvent beaucoup varier d'un mois à l'autre. Un budget de trésorerie rappelle à l'entrepreneur de contacter son institution financière dans le calme plutôt que d'attendre à la dernière minute.

**Savoir quand s'arrêter**

Je ne doute absolument pas du fait que tout entrepreneur désire fondamentalement assister à l'aboutissement de son projet d'entreprise. C'est d'ailleurs bien souvent grâce à sa ténacité qu'il atteint son but. Il faut malheureusement dire que cela ne fonctionne pas toujours comme prévu. Ce n'est pas un secret, il y a des embûches et des obstacles sur le chemin de la réussite. Il faut en être conscient.

Certaines difficultés sont temporaires et peuvent, d'une manière ou d'une autre, être surmontées. Comme mentionné ci-dessus, la planification d'un projet devrait considérer qu'il y aura certainement quelques imprévus. Il faut alors continuer d'avancer, en retirant le meilleur des événements qui surviennent. L'institution financière peut requérir, par exemple, une mise de fonds supplémentaire de la part de l'entrepreneur. Ce dernier aura peut-être besoin de quelques mois pour amasser la somme avant de revenir à son projet d'entreprise.

L'accumulation des difficultés, ou l'une d'entre elles, pourrait aussi entraver sérieusement l'aboutissement du projet. À quel moment faut-il laisser tomber? Ce n'est certainement pas une question aisée à répondre, entre autres parce que chaque situation est différente. Disons que la plupart des entrepreneurs réalisent un peu trop tard qu'ils doivent arrêter d'investir temps et argent. Ils sont bien souvent rendus au bout de leurs ressources.

> Toute situation doit être analysée objectivement.

Les indices

Il faut tout d'abord remarquer les indices. Il y en a toujours sauf que l'on refuse un peu trop souvent – consciemment ou inconsciemment – de les voir. Les coûts réels dépassent les prévisions à chaque étape? De beaucoup? Les personnes ayant promis des commandes se désistent? Le créancier hypothécaire refuse de prêter ou exige davantage de garanties? Ces signes ébranlent assurément le fondement de tout projet. Il faut alors évaluer les impacts des difficultés rencontrées sur la survie du projet d'entreprise. A-t-on les ressources financières suffisantes pour couvrir les excédents de coûts actuels et futurs? ou encore, Peut-on remplacer les clients perdus?

© Attitudes d'Entrepreneur

*****
*Elle désire acheter cet immeuble de huit logements.*
*Le prix de 300 000 $ lui semble raisonnable. Son offre d'achat est acceptée.*
*L'institution financière considère que la valeur de l'immeuble est plutôt de 240 000 $, telle l'évaluation municipale.*
*Le prêt accordé sera donc de 180 000 $ (75 % x 240 000 $).*
*L'acheteur potentiel ne dispose pas de la somme de 120 000 $ nécessaire pour combler le manque de liquidités.*
*Il lui est donc impossible, pour le moment, d'acheter l'immeuble.*
*****

Il faut objectivement évaluer l'importance des écueils. Le point critique est d'arriver à discerner ce qui est temporaire de ce qui est permanent. Lorsqu'il existe des solutions aux difficultés qui se présentent, l'entrepreneur peut à tout le moins se demander s'il porte plus avant son projet. Par contre, lorsque tout est bloqué, il lui faudra vraisemblablement soit remanier le projet en profondeur, soit l'abandonner. L'entrepreneur doit être conscient de la différence afin de ne pas s'évertuer à mettre des efforts dans une cause perdue à l'avance, parfois au péril de sa santé. Est-ce insurmontable? Il arrive ainsi que l'impact d'un événement soit tellement grand qu'il entrave la majorité des actions nécessaires à la création de l'entreprise. L'impossibilité d'obtenir un permis d'exploitation est un exemple. Il est parfois plus sage de cesser les activités que de solliciter davantage.


L'acceptation de la situation

Ce n'est assurément pas facile de prendre la décision d'abandonner un projet d'entreprise ou la mise en fabrication d'un nouveau produit. L'entrepreneur a certainement fortement cru à son potentiel. Outre la perte financière qui en résulte, plusieurs sentiments humains entrent en ligne de compte. On peut, par exemple, se sentir inutile, être frustré, en vouloir à certaines personnes ou trouver que c'est injuste. Être tout simplement impuissant face à la situation est un sentiment qui ne s'estompe pas si facilement.

*****
*Elle s'est renseignée sur les caractéristiques d'une nouvelle machine.*
*Le représentant canadien se trouvait en Ontario.*
*Elle s'est toujours sentie mal à l'aise avec l'anglais.*
*Elle le comprend, mais le parler, c'est une autre affaire.*

Être Conscient

*Par la force des choses,*
*elle a réussi à se faire entendre et obtenir des explications.*

*Elle n'a pas donné suite à l'achat d'une nouvelle machine, mais elle est fière d'avoir réussi à surmonter son appréhension de la langue anglaise.*

\*\*\*\*\*

J'aimerais sincèrement vous convaincre d'une chose, soit que l'abandon d'un projet d'entreprise n'est pas nécessairement un échec. Il faut plutôt, à mon avis, voir le chemin parcouru. La plupart des gens, et l'on peut le comprendre, pense que la mise en place finale d'un projet est le seul critère de réussite. Ce n'est certainement pas le cas. Le fait d'avoir fait avancer ses idées, d'avoir mis en évidence ses talents ou d'avoir rencontré des gens intéressants constitue un apport indéniable au développement personnel. Lorsqu'il vous est nécessaire de vivre une situation donnée, prenez du recul et faites la liste de ce que vous en retirez. Qu'avez-vous appris? En quoi êtes-vous devenu une meilleure personne? Qu'est-ce qui s'est bien déroulé? Je suis certaine que l'expérience vous aura été profitable. La vie d'une personne va au-delà de la vie de son entreprise.

Certes, je comprends qu'il soit difficile de reconnaître les bienfaits d'une situation vécue, particulièrement quand la connotation est négative. Cela requiert du temps, et de l'objectivité, dans l'observation.

\*\*\*\*\*

*Le Concours s'intitule « Aide aux futurs entrepreneurs ».*

*Trois bourses sont accordées pour le démarrage d'une entreprise :*
*Un premier prix de 25 000 $, un deuxième prix de 20 000 $,*
*puis un troisième prix de 15 000 $.*

*Leur projet se mérite la quatrième place!*

*Leur déception est compréhensible. Ils avaient besoin de cet argent.*

*Disons toutefois qu'il y a eu 23 projets de présentés.*

*Disons aussi que l'élaboration du document soumis leur a permis de mieux justifier et préciser leurs idées.*

*Les étapes ultérieures en ont été facilitées.*

\*\*\*\*\*

Lorsqu'un entrepreneur crée une nouvelle entreprise ou développe de nouvelles idées, il le fait dans l'optique de l'atteinte de ses objectifs. La durée d'un projet d'entreprise est très variable d'une situation à l'autre, d'une personne à l'autre. Pour certains, l'ambition est de créer un nouveau produit. Lorsque c'est fait, et que la commercialisation atteint sa phase de rentabilité, ils vendent le brevet, puis passent à autre chose. D'autres peuvent plutôt vouloir la stabilité ou la progression planifiée de la taille de l'entreprise, pour leur retraite. Quelle que soit la durée de l'aventure, chacun met à profit son talent, pour l'avancement des choses. Certains projets d'entreprise sont florissants, certains doivent être remis et d'autres sont abandonnés. Ce n'est pas tant la finalité qui compte, mais la façon de parcourir le chemin.

*****

*Le marché n'est pas au rendez-vous.*

*Les ventes ne sont pas aussi élevées que prévu.*

*Il décide de fermer son entreprise après quelques mois.*

*Il paie toutes ses dettes, rédige une lettre de recommandation pour ses employés, puis négocie la clôture de ses contrats.*

*Pour lui, le profit n'était pas la seule source de motivation.*

*Il a beaucoup appris de l'expérience et se dit prêt à relever d'autres défis.*

*****

Le courage? C'est parfois de continuer d'avancer.

Le courage? C'est parfois d'admettre qu'on n'est pas à sa place.

En déférence au thème Être Conscient, j'aimerais partager la réflexion suivante avec vous. Il m'apparaît important de vivre en harmonie avec ses décisions, dans une perception consciente élargie. Cela dépasse notre seule personne. En se disant qu'il y a une raison d'être à chaque chose, notre vision des événements n'est plus la même. Elle est dynamique, éclairée et révélatrice, permettant la récupération des expériences vécues afin de devenir plus fort. Le déroulement d'un projet d'entreprise est régulièrement plus lent ou différent de ce qu'on avait prévu. Il faut y voir une source indéniable de développement personnel.

# ÊTRE RESPONSABLE

*« S'engager dans la réussite de l'entreprise,
par son désir et sa volonté. »*

# ÊTRE RESPONSABLE

Le deuxième thème de ce volume concerne la responsabilité, c'est-à-dire la propension de répondre de ses faits et gestes. Être Responsable signifie l'assumation de ses actes, et de leurs conséquences, que le résultat obtenu soit celui attendu ou non. La position de l'entrepreneur à la tête de l'entreprise est une position d'engagement. Je désire discuter des attitudes que je considère comme nécessaires au fonctionnement réussi d'une entreprise.

**Assumer ses actions**

Cela va de soi! C'est l'essence même de la responsabilité. Chaque parole et opinion, acte et décision a un effet potentiel sur différents plans. Toute action peut engendrer des effets positifs, ce qui est généralement le but, ou des effets négatifs, ce qui est malheureusement possible. L'impact de ce que l'on fait n'est pas toujours prévisible; les rebonds parfois inattendus. Même si, *a priori*, on essaie de prévoir et de minimiser les irritants, ce n'est pas toujours possible ou faisable.

La responsabilité, c'est accepter ce qui nous revient.

C'est dans sa façon de répondre à l'impact d'une action que l'entrepreneur démontre – ou non – une attitude de responsabilité. Ce n'est certainement pas toujours évident, d'autant plus que les attentes face à l'entrepreneur sont assez élevées. Plusieurs personnes pensent qu'un chef d'entreprise ne peut pas se tromper! Or, on le sait bien, tout être humain commet des erreurs.

\*\*\*\*\*

*Il fabrique du mobilier de bureau sur mesure.*

*Il a sous-estimé les coûts et au bout du compte, le prix de vente est trop bas.*

*Il s'était entendu avec l'acheteur sur un prix fixe.*

*Il livre la marchandise, comme prévu, au prix convenu.*

*Il se rappellera, la prochaine fois, que les meubles en angle prennent davantage de temps à fabriquer.*

\*\*\*\*\*

© Attitudes d'Entrepreneur

L'admission de ses erreurs

Admettre ses erreurs n'est pas une chose facile, pour diverses raisons, comme la peur d'avoir l'air incompétent, par exemple. Dans ce contexte, l'orgueil et la fierté ne sont pas de bons guides. Lorsque confronté à une question embarrassante, le premier réflexe d'une personne consiste bien souvent à réfuter toute responsabilité. « Ce n'est pas moi! », « Personne ne me l'avait dit. » ou « Cela ne me regarde pas. » sont des excuses rapidement avancées. Une fois ce genre de déni lancé, il devient plus difficile de rétablir la vérité. Avec le temps qui passe, l'enchevêtrement des phrases ajoute à la confusion. Plus on en dit, plus on risque de s'enferrer, et pire c'est. Malheureusement, dans ce genre de situation, la tendance est justement de trop en dire.

\*\*\*\*\*

*Un contremaître arrive en trombe dans l'usine en criant :*

*« Qui a oublié de fermer le couvercle du bassin?*
*La température a monté trop haut et tout le lot est perdu.*
*Je vous le dis, celui qui a fait ça va perdre sa job! »*

*…*

*Après quelques minutes d'un silence embarrassant,*
*l'entrepreneure s'avance en disant :*

*« C'est moi. Je suis allée examiner la texture du bassin*
*et j'ai oublié de fermer le couvercle. »*

\*\*\*\*\*

Lorsque confrontés à une erreur amenant une quelconque responsabilité, bien des gens se sentent « coincés ». Et cela empire lorsqu'il y a des conséquences financières. Les gens vont alors bien souvent chercher à camoufler leurs actions, ou encore, les sur-justifier. L'un dans l'autre, cela provoque des discussions qui ne sont pas toujours utiles. En outre, ce qui se dit dans l'argumentation peut avoir un impact allant au-delà de la situation visée. Une erreur peut être corrigée, mais les paroles dites sous le coup de la colère peuvent laisser des séquelles, et rendre l'atmosphère inconfortable. Chercher le « coupable » est un réflexe naturel, mais ce n'est pas nécessairement la meilleure chose à faire.

\*\*\*\*\*

*« Bonjour, Je viens de recevoir ma commande et elle est incomplète.*
*Il y a 23 unités du produit et j'en avais commandé 32.*
*SVP, m'envoyer ce qui manque le plus tôt possible. »*

*Qui paie les frais de transport supplémentaires?*

(Être Responsable)

*L'entrepreneur et non l'employé qui s'est trompé.*

\*\*\*\*\*

L'entrepreneur qui réalise que les gens admettent rarement ou difficilement s'être trompés part avec une longueur d'avance. Pour son bien-être personnel, ainsi que pour celui de ceux qui l'entourent, il peut diminuer l'impact négatif de l'admission d'une quelconque responsabilité lors d'une erreur ou d'un oubli. Par son attitude, il peut certainement désamorcer les situations délicates. Il doit en outre s'assurer de s'adresser à la bonne personne, et à elle seule. Cela influence positivement le climat de travail.

Calme et ouverture sont les maîtres-mots.

L'une des façons de faire consiste à « dépersonnaliser » la situation. Ainsi, demander « Comment cela s'est-il produit » est préférable à « Qui a fait cela? » ou « Qu'est-ce qui a pu te passer par la tête? ». Dès que la situation devient délicate, faire référence à un événement plutôt qu'à un individu facilite les échanges. Prendre le temps de résumer la situation avant de la commenter dédramatise.

Le bon côté d'une erreur

Je vous incite à considérer les erreurs ou les problèmes qui surviennent au fil des activités d'exploitation sous un angle différent. Certaines personnes ne voient que les inconvénients d'une situation. Un retard dans la production ou un délai dans la livraison aux clients sont certainement des irritants. On peut toutefois y voir l'occasion de se questionner sur les façons de faire. Qu'il s'agisse d'une erreur isolée ou d'une erreur qui se répète régulièrement, il faut savoir capter le message. On pourrait remarquer, par exemple, que les erreurs dans les commandes de clients concernent essentiellement celles qui sont préparées le lundi. Il devient alors plus facile d'expliquer la situation, puis de cibler le correctif à apporter. Et qui sait, une petite erreur corrigée aujourd'hui peut éviter la gestion d'un plus gros problème plus tard.

Prendre connaissance d'une erreur et la corriger? Normal.

Prendre du recul et analyser ce qui s'est passé? Essentiel.

\*\*\*\*\*

*En effectuant le test habituel, je me suis trompé.*
*Cela m'a permis de me rendre compte de ce problème-là.*

*On n'a jamais pensé que cela pourrait arriver.*

*Par prévention, nous pourrions faire cet ajustement-ci.*

\*\*\*\*\*

**Exprimer adéquatement ses idées**

Toute attitude d'engagement exige la considération de la portée de ses paroles, de ses écrits et de ses gestes. On ne peut pas constamment être sur ses gardes, mais on ne peut pas non plus agir sans tenir compte de l'impact de nos actes. La précision des mots choisis facilite la compréhension mutuelle et minimise les risques de mésentente. À cet égard, essayer de se mettre à la place de l'autre partie est souvent utile. L'entrepreneur – et son équipe – utilise bien souvent un vocabulaire propre à leur domaine d'expertise. Certains termes peuvent avoir une définition différente d'une personne à l'autre, voire d'un groupe de travail à l'autre. Lorsqu'il s'agit d'un point clé, il est préférable de s'assurer que l'on se comprenne bien.

\*\*\*\*\*

*Le banquier à l'entrepreneur :*
*« Votre compte présente un solde créditeur. »*

*L'entrepreneur au banquier :*
*« Dans mes livres, mon compte présente un solde débiteur. »*

*Les deux font référence à la même chose, de leur point de vue respectif.*

\*\*\*\*\*

La communication déficiente des informations ou des attentes entre deux parties explique bon nombre de mésententes, erreurs et oublis. Les choses peuvent être claires pour l'un, mais difficiles à saisir pour celui qui manque de connaissances, d'expérience ou de concentration. Celui qui explique doit donc réaliser que ce qu'il fait couramment peut être totalement nouveau pour celui qui écoute. Vu sous cet angle, il prend alors le temps d'expliquer plus clairement, par écrit ou par étapes si nécessaire. Il reste à l'affût d'un signe montrant un manque d'attention ou de compréhension chez l'autre. L'environnement est bruyant? La personne à qui l'on parle n'a pas l'air de suivre la conversation? Assurons-nous que la connexion est adéquate, dans une attitude d'ouverture à l'échange. Dans les situations où l'objet de la discussion est plus complexe ou critique, confirmer l'essentiel de ce qui a été dit est recommandé.

Être Responsable

Le ton approprié

J'essaie personnellement d'exprimer mes idées de manière positive. Je choisis mes mots dans l'objectif de créer une poussée vers la réalisation constructive. Pour moi, une phrase telle que « Je serais surpris que cela fonctionne. » crée inutilement de l'incertitude. Et, de mon point de vue, « la peur de… » diminue la capacité d'envisager clairement et objectivement une situation. Dans ce contexte, il m'apparaît plus difficile de profiter pleinement du potentiel d'idées disponibles. Je préfère plutôt dire « Faisons tout ce qu'il faut pour que cela fonctionne. » Plus tard, si nécessaire, et seulement lorsque cela survient, je dirais « Regardons ce qui a empêché le fonctionnement et trouvons une solution. »

Utiliser les mots justes et appropriés est un défi de tous les jours.

Il faut peser ses mots, et ses pensées, en particulier lorsque survient une situation inattendue. Dans le feu de l'action, il est malheureusement trop facile de s'embarquer dans une direction qui sera par la suite difficile à rectifier. Le débit verbal est alors bien souvent trop rapide. Lorsque la situation est particulièrement délicate, je suggère l'adoption d'un ton neutre, exempt de jugement de valeur. L'impact sur les relations interpersonnelles sera moins nocif.

Utilisons moins de mots. Choisissons-les mieux.


L'information publiée

Je considère que l'entrepreneur a la responsabilité de s'assurer de la véracité des informations publiées par son entreprise, à quelque niveau que ce soit. La brochure publicitaire, par exemple, doit adéquatement présenter ce qui en est. Le communiqué aux parties prenantes doit être clair et compréhensible. Bref, le contenu de l'information véhiculée doit être le plus exact et véridique possible. Disons aussi que plus court est souvent préférable à trop long. Un courriel clair et précis a davantage de chance d'être lu jusqu'au bout! Un document structuré, qui rehausse l'information avec parcimonie, a davantage de chance d'être compris. Lorsque tout est en caractère gras, comment distingue-t-on ce qui est important?

*****

« Bonjour, J'appelle pour des informations, car je ne comprends pas la facture que vous m'avez envoyée. »

« Vraiment? C'est clair pourtant. »

*« Pas pour moi, et je suis Comptable professionnel agréé (CPA)! »*

\*\*\*\*\*

Je crois que l'entrepreneur doit réaliser qu'il lui est souvent requis de faire connaître ou d'expliquer. Faire connaître et mettre en valeur les biens et services offerts est certainement une question de survie. La mise en marché étant une étape cruciale. Pour un artiste-sculpteur, créer de magnifiques œuvres est une chose, trouver preneur en est une autre. En fait, je vais aller jusqu'à dire que je crois qu'un entrepreneur a un certain rôle éducatif à jouer. Il peut s'agir d'expliquer un processus de fabrication afin de sensibiliser le client sur la qualité de ce qu'il achète. Savoir de quelle manière se fabrique une crème à base d'aloès, par exemple, aide à en comprendre les bienfaits. Ou encore, il peut s'agir d'informer le client sur l'usage des produits vendus de manière à éviter des bris ou des accidents. Relever les points importants à prendre en compte lors de l'achat et de l'entretien d'un avertisseur de fumée, par exemple, sensibilise à la sécurité. En fin de compte, tout un chacun s'en porte mieux.

\*\*\*\*\*

*Les porte-bébés qu'il fabrique sont vendus sur le Web via un intermédiaire.*
*En examinant la description de l'un d'entre eux,*
*il remarque qu'on y mentionne qu'il permet un portage jusqu'à 35 kg.*
*Or, le portage maximum est plutôt de 25 kg.*
*Il demande à cet intermédiaire de rectifier l'information dès que possible.*

\*\*\*\*\*

C'est indéniable. L'information circule vite, en grande quantité, et pratiquement sans restriction. La possibilité d'échanger par courriels ou de faire des réunions virtuelles abolit les distances et facilite les relations. L'usage d'un compte *Facebook*, par exemple, est un moyen fort répandu d'établir et de maintenir le contact avec la clientèle. Or, une plus grande visibilité requiert une plus grande prudence. Une nouvelle apparaissant sur le Web se propage rapidement et, fait à retenir, l'initiateur peut difficilement la rattraper lorsqu'elle est partie. En d'autres termes, une fois lancée, l'information ne vous appartient plus; elle est devenue publique. Il m'apparaît donc indispensable de faire attention à ce qui part de l'entreprise.

\*\*\*\*\*

*Il a entendu son patron dire qu'il s'apprêtait à signer un contrat important.*
*Il annonce la nouvelle sur son compte personnel Facebook.*
*Tout le monde est maintenant au courant.*

Être Responsable

*Son patron est fort déçu, car il comptait utiliser cette bonne nouvelle dans le cadre de ses négociations avec la Ville concernant un projet de modernisation.*

\*\*\*\*\*

La confidentialité de l'information

Certaines données de nature délicate ou confidentielle ne peuvent être divulguées ou perdues. On pense ainsi au profil des employés, aux informations sur le crédit d'un client ou aux recettes des produits exclusifs. L'entrepreneur doit s'assurer que ces informations sont protégées par un accès contrôlé et par un nombre limité d'employés informés. C'est plus facile à dire qu'à faire puisque le partage d'informations peut tout simplement faire partie des mœurs. Un employé, par exemple, peut librement faire part de sa condition médicale à ses collègues. La préposée qui reçoit la déclaration du médecin justifiant le congé de maladie n'a pas, quant à elle, cette liberté. Nuance.

\*\*\*\*\*

*Elle peut se départir des dossiers des patients inactifs datant de plus de cinq ans?*
*D'accord, mais les documents doivent passer par la déchiqueteuse avant d'aboutir dans le bac de récupération!*

\*\*\*\*\*

Je désire particulièrement attirer l'attention sur les courriels. La rapidité et la quantité des échanges effectués de cette manière laissent croire à davantage de latitude que dans la réalité. Un courriel, ce n'est pas automatiquement du domaine public, mais ça peut le devenir, bien malgré soi. Un courriel s'adresse À une personne (ou un groupe précis de personnes) DE la part d'une personne. Il faut savoir que la plupart des gens ne font pas attention à cet aspect. Lorsqu'un entrepreneur écrit à une employée et qu'elle lui répond en plaçant d'autres personnes en copie conforme (c. c.), cela peut surprendre. *A priori*, il s'adressait à elle et à elle seule. Savoir à l'avance que d'autres personnes seront intégrées à la conversation en cours de route peut influencer le contenu de ce qui est dit au départ. Sans tomber dans la sur-prudence, il faut d'une part écrire ses textes (courriels et lettres) en envisageant la possibilité que ce soit diffusé à d'autres parties. D'autre part, il est préférable d'inscrire les termes « personnel et confidentiel » dans les situations délicates ou l'expression « sous toutes réserves » dans les situations litigieuses.

*****
*La lettre de congédiement d'une employée circule.*
*Cette lettre décrit son mécontentement du travail effectué avec force détails.*
*Il n'en est pas très fier, car le ton utilisé est plutôt agressif.*
*Il voit bien que cela bouleverse les autres employés.*
*Pour un même résultat au final, il aurait dû davantage mesurer ses propos.*
*****

Accepter la responsabilité de ses écrits? Oui

Celle des autres? Non.

*****
*« Je te transfère le courriel à envoyer au fournisseur. »*
*Le fournisseur, fort mécontent, demande de plus amples explications.*
*L'expéditeur du courriel ne peut lui répondre,
car ce n'est pas lui qui l'a écrit, quoiqu'il l'ait signé.*
*Depuis ce temps, les relations entre ce fournisseur et lui sont tendues.*
*****

Il m'apparaît important de considérer le niveau de responsabilité de celui qui émet une idée ou un avis. Il est malheureusement trop facile de parler – ou de pousser quelqu'un vers une action – lorsqu'on n'en porte pas la responsabilité finale. Encourager une personne à entreprendre des procédures juridiques, par exemple, est un conseil facile à donner pour celui qui n'est pas impliqué. Le récipient, encouragé par ce conseil, est celui qui s'engagera dans le processus. C'est lui qui assumera les bons et les moins bons côtés. Dans la considération d'une idée, saisir l'appariement entre ce qui est dit et la responsabilité qui en découle pour celui qui le dit favorise l'évaluation objective.

### Prendre en charge la gestion d'une entreprise

Je fais personnellement la différence entre l'entrepreneur et son entreprise. Quoique très reliées, je considère qu'il s'agit de deux entités distinctes. L'entrepreneur désire fondamentalement assister au succès de l'entreprise qu'il gère. Cela ne fait aucun doute. L'entrepreneur est toutefois une personne humaine, avec ses forces et ses faiblesses. Et, comme indiqué dans la partie précédente, les motivations menant à la création d'une entreprise peuvent varier grandement d'un individu à l'autre.

( Être Responsable )

Il m'apparaît nécessaire de préciser la teneur de son engagement envers l'entreprise. Face à une décision à prendre, que faut-il prioriser? Les besoins de l'entrepreneur ou ceux de l'entreprise? Certes, la congruence des intérêts est très forte, mais pas nécessairement totale. En d'autres termes, ce qui est bon pour l'entreprise n'est pas forcément bon pour l'entrepreneur, et vice versa.

\*\*\*\*\*

*Elle adore rencontrer des gens et parler de son projet.*
*Toutefois, et elle en a pleinement conscience, elle a de la difficulté à organiser ses présentations.*
*Elle échappe ainsi, malheureusement, l'attention de ses auditeurs.*
*Or, il est indispensable de susciter l'intérêt chez ces bailleurs de fonds.*
*Elle décide de laisser son adjoint effectuer la présentation.*

\*\*\*\*\*

L'entrepreneur aura donc à faire des choix qui pourraient être différents selon le point de vue adopté. D'une part, l'entrepreneur doit s'engager envers l'entreprise en faisant ce qu'il faut pour en assurer la survie. Même s'il s'agit de « son » entreprise, il doit considérer ceux qui dépendent de lui, entre autres les employés pour leur salaire. D'autre part, l'entrepreneur doit se respecter en tant qu'être humain. Puisqu'ils ne forment pas nécessairement un tout indissociable, les meilleures actions à entreprendre pour l'initiateur d'un projet ou pour le projet lui-même pourraient différer.

\*\*\*\*\*

*Il doit vendre!*
*Sa santé ne lui permet plus de continuer et ses enfants ne sont pas intéressés.*
*Il pensait garder son entreprise encore longtemps en contribuant directement à sa prospérité.*
*Sa première idée est de fermer l'entreprise. Puis, il pense à tous ceux qui gravitent autour d'elle.*
*Les clients apprécient ses produits sans équivalent ailleurs.*
*Il se met à la recherche d'acheteurs dynamiques prêts à continuer son travail.*

\*\*\*\*\*

Les affaires et l'argent

Le transfert d'argent fait partie intégrante de la majorité des transactions d'affaires. Ainsi va le commerce. Mon propos vise à sensibiliser l'entrepreneur sur l'influence de l'argent sur les comportements. Un peu plus pour moi, un peu moins pour toi, et vice versa. Il ne faut pas perdre de vue que chaque partie travaille dans le sens de ses propres objectifs. Ce n'est pas une mauvaise chose en soi; c'est une réalité avec laquelle il faut composer. Lorsque les objectifs des diverses parties convergent, l'opération se solde par un bénéfice mutuel. Faire preuve de lucidité dans le déroulement de ses affaires est une attitude responsable. Avant d'accepter les conditions demandées par un fournisseur, par exemple, l'entrepreneur devrait évaluer s'il lui est possible de négocier ou d'envisager un autre choix.

*****

*Le vendeur d'une entreprise désire maximiser le prix de vente.*
*C'est normal.*
*Il préfère vendre les actions afin de bénéficier de la déduction fiscale pour gains en capital.*

*L'acheteur d'une entreprise désire minimiser le prix d'achat.*
*C'est normal.*
*Il préfère acheter les actifs afin de ne pas être lié par les obligations de l'entité vendeuse.*

*Aidées de leurs conseillers respectifs, les deux parties négocient.*

*****

Dans le contexte où chacun travaille avant tout pour son bien-être, faire preuve de scepticisme est une attitude recommandée. Cela ne signifie pas qu'il faut douter de tout et ne faire confiance à personne. Il s'agit plutôt de prendre en considération les motivations potentielles des autres parties dans l'objectif de prendre des décisions éclairées et responsables. Celui qui vend son entreprise présentera les informations financières sous leur meilleur jour. L'entrepreneur qui désire acheter l'entreprise de l'un de ses concurrents demandera la preuve de ce qui est avancé. Il demandera à voir les contrats ou les états financiers audités, par exemple.


La sur-responsabilisation

Je crois personnellement que prendre ses responsabilités est une attitude inhérente à l'entrepreneuriat. Je crois aussi qu'il n'est pas si simple de circonscrire sa part dans toute histoire. Qui a raison? La vérité change parfois selon le point de vue adopté. Des pressions externes peuvent venir ébranler la perception d'un entrepreneur sur son niveau de responsabilité. Il arrive ainsi qu'on fasse affaire avec des personnes qui ne sont jamais fautives, quoi qu'il advienne. Ou pire, ces personnes ont parfois le tour de faire en sorte que leur interlocuteur se sente non seulement responsable, mais coupable de l'être. Ces personnes sont convaincantes, pour ne pas dire manipulatrices. Il arrive malheureusement qu'un entrepreneur accepte une plus grande part de responsabilité que ce qui lui revient. En certaines circonstances, le but peut tout simplement être de perdre le moins possible.

On peut faire sa part, mais pas celle de l'autre.

Chacun doit assumer les conséquences de ses propres choix.

*****

*Peu importe la manière dont elle s'y prend,*
*le fournisseur tourne toujours la discussion à son avantage.*

*Il lui ment, carrément.*
*Elle se souvient très bien – et lui aussi de surcroît –*
*de ce qui a été convenu.*

*Elle ne peut malheureusement pas le prouver avec des faits accomplis.*

*...*

*« Pourquoi as-tu accepté ce compromis? »*

*« M'obstiner avec lui m'aurait pris un temps fou*
*et m'aurait vidé de mon énergie. Je préfère focaliser sur autre chose.*

*Et puis, je suis dorénavant libre de faire affaire avec quelqu'un d'autre. »*

*****

Lorsqu'un entrepreneur se rend compte que la détermination des torts de chacun ne sera pas facile, je lui suggère de limiter la longueur d'une discussion qui n'aboutit pas. Arrêter la conversation et se retirer, en y revenant plus tard s'il le faut, est un moyen de prendre du recul pour refaire ses forces. Cela présente également l'avantage de couper la lancée de quelqu'un qui ne semble pas vouloir s'arrêter avant d'avoir gagné son point. Une distance physique permet bien souvent à l'un, comme à l'autre, de retrouver son calme pour revenir sur une base plus raisonnable. Je considère qu'il est préférable de refuser l'affrontement avec une personne agressive ou très négative, car il est rare que cela aboutisse sur quelque chose de bien.

## Faire des choix responsables

Je crois personnellement qu'on ne peut pas vendre n'importe quoi. Je ne vendrais pas un produit en sachant à l'avance qu'il est nocif pour la santé ou la sécurité des gens, par exemple. Ou encore, je n'offrirais pas un service en sachant que la formation ou l'expérience de celui qui le fournit est inadéquate ou non supervisée. À mon avis, un entrepreneur doit s'assurer de créer ou d'offrir des produits et services convenables, voire utiles. Les clients doivent les apprécier, mais surtout en avoir besoin. Viser le mieux-être de l'acheteur est certainement une stratégie plus payante que de viser uniquement le profit à court terme.

*****

*Il fabrique des équipements thérapeutiques sur mesure.*
*Le coût de l'une de ses idées, une canne ajustable, est plus élevé que prévu.*
*Il décide tout de même de la fabriquer, car il sait que des gens en ont besoin.*
*Le prix de vente doit être accessible, la marge de profit est donc plus basse qu'à l'accoutumée.*
*Pour lui, le sourire des gens qui apprécient son produit est très gratifiant.*

*****

## Le prix de vente

L'un des grands défis de l'entrepreneur est de déterminer le prix à demander pour ce qu'il offre. Quel est le juste prix? Il résulte de la considération simultanée de plusieurs facteurs. Disons que le prix de vente doit au minimum permettre la récupération des coûts encourus, directs et indirects. C'est une question de survie. On y ajoute ensuite une marge de profit, récompense fort légitime du travail de tout entrepreneur. Quant au prix maximum, cela dépend. Quel est le prix demandé par la concurrence? Est-ce que nous offrons un produit similaire ou différent? On s'entend généralement pour dire qu'un produit unique ou qu'un meilleur service vaut davantage. Certains entrepreneurs pourraient fixer un bas prix au départ afin de pénétrer rapidement le marché. D'autres pourraient, à l'inverse, fixer un prix plus élevé afin de mettre en évidence l'excellente qualité de ce qu'ils offrent. On pourrait aussi tout simplement demander le même prix que ses concurrents, ou un prix légèrement inférieur afin d'attirer la clientèle.

*****

*Elle fabrique des articles en cuir :*

( Être Responsable )

*des sacs, des ceintures, des portefeuilles, etc.*

*Son prix de vente? le coût du cuir + son temps, à 25 $ l'heure.*

*Un ami lui fait remarquer que ses prix sont trop bas.*

*Y a-t-il des coûts indirects, moins évidents à première vue?*

*Bien sûr! la perte de matériel, la peinture et la teinture, les outils, etc.*

*Le prix de vente doit à tout le moins couvrir tous les coûts.*

\*\*\*\*\*

L'entrepreneur responsable envisagera d'autres considérations que le simple profit. Il se demandera, entre autres si les clients ont les moyens de s'offrir les biens ou services offerts. Y a-t-il des gens qui seront incapables de se les procurer? Et, est-ce crucial pour eux? La question m'apparaît d'autant plus pertinente lorsqu'il s'agit de biens essentiels à la vie courante. À mon avis, un maître-épicier a la responsabilité de s'assurer de rendre accessible l'achat des produits de base à l'alimentation, tels les produits laitiers ou maraîchers. Autant que faire se peut, ses prix doivent être raisonnables afin d'en permettre l'accessibilité à la clientèle. On peut naturellement comprendre que cet aspect devient moins important dans la détermination du prix de vente d'articles dits de luxe. En d'autres termes, l'entrepreneur peut viser une certaine marge de profit pour l'ensemble de l'entreprise, mais faire varier cette marge d'une catégorie de produits ou services à l'autre.

L'entreprise fait des pertes?

On augmente les prix ou l'on diminue les coûts.

\*\*\*\*\*

*Il ne comprend pas pourquoi l'année se termine avec des pertes.*

*Les ventes ont pourtant augmenté de 20 %.*

*Sa comptable lui explique la différence entre « ventes » et « profit ».*

*Elle procède aussi à l'estimation du coût des produits offerts.*

*Il se rend alors compte que son produit vedette se vend à perte, en bas du coûtant.*

*Plus il en vend, plus il s'appauvrit!*

\*\*\*\*\*

Mon objectif est de sensibiliser l'entrepreneur à la considération de l'impact de ses décisions à la fois sur son entreprise, mais aussi sur sa clientèle. En fait, le prix en lui-même est un message au client. Un prix trop bas enverra un message de moindre qualité. Un prix trop haut éloignera le client. Un juste prix contribuera au maintien de l'entreprise dans son milieu.

Il arrive aussi qu'un entrepreneur manque de confiance en soi ou doute de sa réussite. Certains, par exemple, pourraient trouver que le produit qu'ils ont créé manque de fini ou qu'ils manquent d'expérience dans la prestation du service offert. Leur auto-évaluation peut les amener à sous-estimer la valeur de ce qu'ils offrent.

Les intrants

Lorsqu'il se penche sur la composition des produits et services offerts par son entreprise, l'entrepreneur doit choisir les différents intrants. Une coiffeuse, par exemple, doit choisir entre tel ou tel produit capillaire. Quant au restaurateur, il doit choisir la coupe ou la catégorie de viande qu'il achète. Prendre ce qui est le moins cher n'est pas toujours la bonne réponse. En fait, l'entrepreneur responsable devrait constamment chercher à obtenir le meilleur pour ce qu'il paie. Il pourra bien souvent, dans une certaine limite, diminuer ses coûts ou bonifier la qualité de ce qu'il offre.

*****

*Elle constate que les coûts de traduction ont beaucoup augmenté.*

*Elle a entendu parler d'un traducteur demandant un tarif plus raisonnable.*

*Elle le souligne au directeur qui lui répond ceci : « Ça ne donne rien de changer, car de toute façon on refile la totalité de la facture au client. »*

*****

Lorsque les profits baissent, la tendance est de chercher à augmenter les ventes. Or, avant d'augmenter le prix de ce qui est offert, il faudrait aussi envisager la possibilité de faire des économies au niveau des intrants. Il est possible que de nouveaux matériaux puissent se substituer adéquatement à ceux actuellement utilisés, par exemple. Ou encore, l'entrepreneur peut envisager la négociation d'un coût inférieur en échange d'une quantité minimale de commande. L'objectif ultime est de s'assurer de faire le nécessaire pour maintenir un prix juste, raisonnable et abordable.

## S'engager envers les parties prenantes

L'entreprise n'est pas strictement autonome; elle fait partie d'un réseau multirelationnel constamment en mouvement. Je crois personnellement qu'un entrepreneur responsable devrait envisager ses relations d'affaires dans l'objectif d'un partenariat gagnant-gagnant. Le respect de la parole donnée, des promesses faites ou des contrats écrits sont le fondement même de la notion de responsabilité. Bien faire son travail. Toutefois, par expérience, je peux vous dire que plusieurs personnes font une différence entre ce qui est verbal et ce qui est écrit. C'est la réalité, et l'entrepreneur responsable doit s'assurer qu'il protège suffisamment son entreprise. Il peut agir en pesant ses mots et en respectant la parole donnée, mais il n'est pas naïf. Il verra à ce que tout ce qui est important soit consigné par écrit, y compris les ententes préliminaires. La fiabilité d'un élément ou la qualité d'une preuve est plus grande lorsqu'elle est étayée par des documents.

*****

« Je connais ce gars-là depuis longtemps...
S'il me dit qu'il va acheter 5 000 unités, il le fera, alors produisons-les!
De toute façon, je n'aime pas la paperasse. »

*****

J'encourage l'entrepreneur à se respecter, dans ses paroles et dans ses gestes. Dans l'optique de construire des relations stables, efficaces et fructueuses, cela me paraît une nécessité. Il n'en est malheureusement pas toujours ainsi, et l'entrepreneur doit se garder de croire que les gens avec qui il fait affaire pensent comme lui. Exiger la mise sur papier d'une entente fait partie de l'ordre des choses. Il est de même préférable de garder la trace des échanges d'informations ou de courriels.

La confiance des parties prenantes

favorise la survie d'une entreprise.


Les clients et les fournisseurs

Un entrepreneur responsable s'acquitte des obligations qui découlent des ententes et contrats qu'il signe. Il s'assure aussi de respecter les lois et règlements qui régissent notre société, tels le Code civil du Québec et la Loi sur la protection du consommateur. C'est incontournable. Cela fait partie intégrante de l'exploitation courante. Je considère toutefois qu'un entrepreneur responsable ira au-delà de ce qu'il est obligé de faire en faisant preuve de respect et de savoir-vivre.

Le « gros bon sens » a sa place en toutes circonstances.

*****
*Il vient d'obtenir le contrat! Sa soumission a été retenue!*
*Pas surprenant, car il a demandé un prix très bas.*
*Son équipe va donc poser les couvre-planchers dans les nouveaux condos.*
*Le contrat est muet quant au couvre-plancher des garde-robes.*
*Il va économiser, se dit-il,*
*en refilant diverses retailles inutilisées de son entrepôt.*
*Le constructeur des condos est en colère,*
*mais il ne peut légalement rien faire.*
*****

Je crois que le fait d'accorder l'attention nécessaire à tout client et tout fournisseur est une attitude gagnante. Il est dommage de constater que plusieurs individus voient seulement l'immédiat dans toute situation. Ils ne considèrent que le temps présent sans se soucier de l'impact sur les relations futures réelles ou potentielles. L'adage semble être « Profitons du maximum aujourd'hui, nous verrons bien demain. » Il me semble qu'un tel comportement aura éventuellement des conséquences négatives, entre autres sur la perception des parties prenantes, puis indéniablement sur la rentabilité à moyen terme.

Une attitude plus responsable serait d'agir dans l'objectif d'entretenir ses relations. Établir des contacts et créer un climat de confiance favorisent certainement le succès de l'entreprise. Lorsqu'il se rend compte qu'une erreur dans la transcription des données retarde la livraison de la commande, l'entrepreneur peut décider, par exemple, d'assumer les frais de transport en guise de dédommagement.

Il m'apparaît plus utile, et plus gratifiant, de faire en sorte que chaque client et chaque fournisseur compte. Il est certes normal d'accorder davantage de temps aux gens avec qui le volume d'affaires est important. Cela ne justifie toutefois pas que les autres soient négligés, ou pire, considérés comme un mal nécessaire. Comment traite-t-on un client qui achète peu ou un client de passage? À mon avis, la réponse à cette question reflète les attitudes profondes d'un entrepreneur et de son équipe. D'ailleurs, on ne sait jamais, un petit client peut rédiger le plus beau des commentaires dans un forum de discussion ou le fournisseur temporaire pourrait un jour devenir essentiel. Orientons-nous vers une stratégie de développement durable.

*****
« *Il n'en reste plus! C'est dommage, car une cliente en demande.* »
« *Donne-lui celui qu'on a mis de côté.* », *lui répond le gérant.*

( Être Responsable )

> *« Mais il est brisé! »*
>
> *« Ce n'est pas grave. Emballe le tout et vends-lui. C'est une touriste qui s'apprête à retourner sur son bateau de croisière. Elle ne reviendra pas nous voir! »*

*****

Il serait utopique de croire que tout est stable, en particulier dans le monde des affaires. Les choses changent, et rapidement de surcroît. Le fournisseur d'aujourd'hui peut fermer son entreprise, abandonner la production de certains produits ou tout simplement demander un prix qui amène l'entrepreneur à regarder ailleurs. C'est normal. À mes yeux, l'important est d'établir une relation respectueuse jusqu'à la fin, quelle que soit sa durée. Il faut savoir apprécier toute relation qui comble les deux parties.

*****

> *Elle quitte le local commercial qu'elle occupe depuis dix ans.*
>
> *Son entreprise a besoin de plus d'espace.*
>
> *Elle avertit le propriétaire en bonne et due forme, six mois à l'avance.*
>
> *Elle constate ensuite un changement de comportement chez lui.*
>
> *Il ne retourne plus ses appels et ne vaque pas aux travaux d'entretien aussi bien qu'avant.*
>
> *« C'est décevant, ça allait si bien avant que je lui annonce mon départ. »*

*****

Les employés

L'employé fait partie intégrante de l'entreprise. Quel que soit le niveau de sa présence, il contribue au bon fonctionnement des activités. Il est d'ailleurs régulièrement celui qui est en contact direct avec le client. La plupart des entrepreneurs s'entendent pour dire qu'un employé, compétent et fiable, est un atout précieux, voire un avantage concurrentiel. Dans certains domaines, la valeur d'une entreprise se mesure en fonction de son capital intellectuel. Dans sa responsabilité d'employeur, l'entrepreneur doit s'assurer de fournir un travail qui procure dignité et fierté aux personnes qu'il engage. Le fait de payer un salaire ne suffit pas; de moins en moins d'ailleurs. Quel que soit l'emploi, routinier ou non, il m'apparaît possible de créer une ambiance de travail agréable et stimulante. Les employés doivent pouvoir situer l'apport de ce qu'ils font dans la chaîne d'exploitation. Se sentir utile. S'accomplir. Apprendre.

Il faut pouvoir bénéficier de l'expérience et des connaissances des employés.

Je considère premièrement qu'il est du devoir de l'employeur de s'assurer que les employés sont suffisamment formés pour ce qu'ils font. Que ce soit à l'embauche ou en cours d'activité, c'est un facteur clé de réussite. Embaucher des gens inexpérimentés parce qu'ils coûtent moins cher n'est pas toujours une bonne stratégie. De deux choses l'une : on paie davantage pour plus de compétence ou l'on prend le temps de faire de la formation.

*****

*Il doit encore reprendre les soudures !*
*Il se fâche après l'employé en insistant sur les pertes de temps occasionnées.*
*« Tu ne vois pas que le client attend !?! », lui lance-t-il.*
*L'employé lui répond tout simplement « Je ne suis pas soudeur, je suis étudiant en génie industriel au cégep. »*

*****

Les employés sont tenus de comprendre les caractéristiques des produits et services qu'ils vendent. Cela va de soi. Les conseils donnés aux clients doivent être adéquats, car ils représentent le commerce et engagent la responsabilité. Un employé qui mentionne qu'un vêtement se lave à la machine alors que l'étiquette mentionne le contraire nuit à la réputation de l'entreprise. C'est que le client ne fait pas toujours la différence entre l'employé et son employeur. Un employé qui explique adéquatement les particularités de divers modèles de chaussures de sport aide le client à faire un choix avisé. Cela favorise la vente. Certes, un employé ne connaît pas tout, mais une connaissance de base est essentielle. Il doit évidemment être encouragé à consulter en cas de besoin. Mieux vaut s'informer, puis revenir, que de dire n'importe quoi. En s'impliquant dans la formation de ses employés, et en acceptant l'aspect récurrent de cette tâche, l'entrepreneur pousse son équipe vers le succès.

Il suffit parfois de peu pour gagner, fidéliser ou perdre un client.

Je considère deuxièmement qu'il est du devoir de l'employeur de s'assurer que les employés travaillent en sécurité. L'entrepreneur doit prendre connaissance des lois, règlements et normes s'appliquant à son secteur. Il doit se maintenir à jour et, naturellement, les respecter. C'est un bon point de départ qui n'est, à mon avis, pas nécessairement suffisant. Un entrepreneur responsable observera ce qui se passe afin de découvrir s'il n'y a pas lieu d'aller au-delà du minimum exigé.

( Être Responsable )

Respecter la loi est indispensable,
agir avec conscience est un engagement.

\*\*\*\*\*

*Les employés portent des casques de sécurité.*
*Elle remarque que c'est, par moment, très bruyant.*
*Elle fait ajouter des protecteurs d'oreilles aux casques actuels.*
*Elle ne veut tout simplement pas*
*que ses employés souffrent de surdité plus tard!*

\*\*\*\*\*

## L'État

Face à l'État, l'entrepreneur doit en quelque sorte exécuter la tâche d'un fiduciaire. Autrement dit, au nom des gouvernements provincial et fédéral, il récolte des taxes et effectue des retenues sur la paie.[1] Cet argent ne lui appartient pas. L'entrepreneur est tenu responsable de remettre les sommes perçues à l'État aux dates prévues. Sachez qu'il est indispensable de payer ces sommes et que les dettes à l'État ont préséance sur la plupart des autres types de dettes.

\*\*\*\*\*

*Lorsqu'arriva le temps de la remise des taxes,*
*un fleuriste se trouva fort dépourvu.*
*Il a utilisé l'argent reçu pour changer la décoration de sa boutique.*
*S'ensuivent des intérêts et pénalités à payer.*
*Depuis lors, il place l'argent ainsi perçu dans un compte de banque distinct.*

\*\*\*\*\*

Chose promise → Chose due

## Les bailleurs de fonds

La présence de bailleurs de fonds, que ce soit une institution financière, un organisme gouvernemental ou une source privée, est quasiment

---

[1] Les taxes à la consommation les plus connues sont la taxe de vente du Québec (TVQ) et la taxe sur les produits et services (TPS). Les retenues sur la paie ou les déductions à la source (DAS) les plus connues sont le régime des rentes du Québec (RRQ) et le Régime québécois d'assurance parentale (RQAP) du gouvernement provincial et l'assurance-emploi (AE) du gouvernement fédéral.

indispensable à toute entreprise. Démarrer un nouveau projet exige des investissements que l'entrepreneur réussit rarement à combler à lui seul. Certains entrepreneurs voient d'un mauvais œil cette nécessité de faire appel à de l'aide extérieure. Ils ont l'impression de perdre une partie du contrôle sur leur projet. Il arrive souvent, et c'est normal, que le bailleur de fonds exige un grand nombre d'informations lors de la demande de financement initiale, puis régulièrement par la suite. L'entrepreneur peut y voir une certaine ingérence dans « ses » affaires.

J'aimerais mentionner que l'apport externe de fonds permet de faire un bond en avant, par l'achat d'un nouvel équipement ou l'agrandissement de l'espace de fabrication, par exemple. C'est un effet de levier intéressant où l'on retire un gain supérieur au coût du montant emprunté. Il n'est d'ailleurs pas rare de constater que les bénéfices retirés de l'investissement s'étendent sur une plus longue période que celle requise par le remboursement de ce qui est dû (capital et intérêts). Comme mentionné ci-dessus, l'usage de fonds empruntés amène l'implication de quelqu'un d'externe dans le dossier. Regardons plutôt les aspects positifs. L'obligation de préparer un plan d'affaires, qui inclut habituellement des prévisions financières, s'avère fort utile. L'entrepreneur doit alors prendre le temps d'articuler, puis de structurer son projet d'entreprise. S'ensuit bien souvent une vision plus réaliste de ce qui est envisagé. De plus, la nécessité de rendre régulièrement compte des résultats obtenus « oblige » la préparation d'états financiers sur une base périodique. Pour certains entrepreneurs – qui n'aiment pas nécessairement les chiffres –, c'est une bonne chose. En disposant d'une information à jour, on prend de meilleures décisions et l'on agit plus rapidement.

Besoin d'argent temporairement? Obtenir une marge de crédit.

Besoin d'investir pour plusieurs années?
Obtenir un financement à long terme.

*****

*« On ne peut pas envoyer ce bilan à la banque! Nous avons trop de marchandises en magasin et l'on va nous le reprocher. Je change les chiffres? »*

*L'entrepreneur décide plutôt de téléphoner à son conseiller financier pour lui expliquer la situation.*

*Il y a un surplus de production, car plusieurs commandes doivent être livrées au début du mois suivant.*

*L'entrepreneur propose au banquier de lui amener ses bons de commande.*

*****

Être Responsable

Eu égard aux bailleurs de fonds, l'entrepreneur a la responsabilité de respecter les ententes. Reporter sans cesse la remise de documents ou cacher des informations pertinentes ne favorise certainement pas la mise en place d'une relation de confiance. Je suggère plutôt une attitude d'ouverture. Il est normal de vouloir présenter tout projet sous un jour favorable. Nombre d'entrepreneurs diront d'ailleurs qu'ils doivent être convaincus et se montrer convaincants s'ils veulent obtenir un contrat ou le prêt demandé.

Cogner aux portes afin de faire valoir les attributs de ses produits ou les aspects positifs du développement planifié fait partie de l'ordre des choses. Rassurer le client aussi. Mettre en évidence ses atouts est une attitude responsable qui favorise le développement de l'entreprise. Cacher ou falsifier la réalité ne le serait pas. Compter deux fois le même avantage d'une manière différente non plus.

### Faire partie de son milieu

Je crois important de comprendre que l'entreprise fait partie d'un vaste système. Elle est l'une de ses nombreuses composantes. Certaines personnes font fi de cet aspect en se considérant comme indépendantes de ce qui se passe autour d'elles. Tant que ce n'est pas dans leur cour, elles ne se sentent pas concernées. Je crois plutôt que la présence d'une entreprise ainsi que ses pratiques d'affaires ont une influence sur l'environnement. Nous ne sommes pas isolés. L'entrepreneur responsable réalise que ses actions ont un impact, direct ou indirect, sur sa rue, son quartier et sa ville. Une entreprise qui floue volontairement ses clients sous prétexte que ce sont des touristes de passage porte préjudice à sa propre réputation, mais aussi à celle de son milieu environnant.

*****

*Quelques maisons de son quartier ont dû être évacuées à la suite d'une inondation.*

*Il prête le camion de l'entreprise afin de ramasser des biens à offrir aux sinistrés.*

*****

Il est certain qu'un entrepreneur ne peut s'impliquer dans toutes les causes, entre autres par manque de temps. La plupart n'ont d'ailleurs pas beaucoup de moyens financiers. Choisissez des causes ou des sujets qui vous tiennent à cœur et qui peuvent également mobiliser vos employés et partenaires. Il n'est d'ailleurs pas nécessaire de faire les choses de manière grandiose. L'important est de contribuer, selon ses capacités, au mieux-être de son milieu. Et si cela sert à faire connaître votre entreprise, eh bien c'est tant mieux!

*****

*Elle est la propriétaire d'un Bed & Breakfast.*

*Un client lui demande s'il y a un endroit pas trop loin pour aller faire une promenade.*

*Elle n'en a aucune idée. Elle lui suggère de marcher dans la rue.*

*****

*Elle est la propriétaire d'un Bed & Breakfast.*

*Un client lui demande s'il y a un endroit pas trop loin pour aller faire une promenade.*

*Et l'aubergiste de lui répondre : « Justement, il y a un petit parc pas très loin d'ici. Je vous le montre sur la carte.*

*C'est tout près de la boulangerie qui, en passant, fabrique les meilleurs croissants de la région! »*

*****

Les ressources

Malgré ce qu'on pourrait croire ou voir, la quantité de ressources disponibles est limitée ou pourrait le devenir. On peut d'ailleurs dire que la plupart des ressources, quelles qu'elles soient, ont une durée de vie définie. Le fait qu'elles soient facilement accessibles ou, pour l'instant, disponibles à profusion ne me paraît pas une bonne raison pour en abuser. En prendre moins aujourd'hui, pour en bénéficier plus longtemps, me paraît sensé. L'attitude d'un entrepreneur responsable sera de minimiser, autant que faire se peut, le gaspillage et la sur-utilisation des ressources. C'est avantageux, d'un point de vue économique et d'un point de vue social.

*****

*Il est propriétaire de plusieurs immeubles à logements.*

*Lorsqu'il procède au changement d'appareils sanitaires, sa préférence va à ceux qui requièrent moins d'eau.*

*Cela lui coûte un peu plus cher.*
*(malheureusement!)*

*Il se dit satisfait de contribuer à la préservation de l'eau potable.*

*Un peu moins riche, mais plus heureux.*

*****

(Être Responsable)

La protection de l'environnement naturel est devenue une nécessité. La question ne se pose plus et les entrepreneurs doivent particulièrement être concernés par la gestion responsable des déchets. En raison de leur taille, ils sont à même de faire une différence. Qu'est-ce qui est jeté en grande quantité? De la nourriture? Des linges souillés? Du papier? Ce n'est pas toujours facile de trouver une solution, mais il faut à tout le moins se pencher sur la question afin d'améliorer les choses. Un ajustement dans la façon de planifier ses achats ou le choix des fournitures peut faire une différence. Et, que fait-on des surplus d'inventaire? Avant de les jeter à la poubelle, je crois qu'il faut d'abord leur chercher un autre usage. Trop de vêtements? Des objets de trop? Cherchez qui ou quel organisme en a besoin.

Chaque contribution compte.

Comment aider l'environnement?

Le temps

Le temps est une ressource précieuse qu'il faut, à mon avis, respecter. Chacun choisit ce qu'il fait des heures et des jours dont il dispose. Ce choix est personnel. Personne n'aime perdre son temps, alors pourquoi le faire perdre aux autres? À mon avis, agir au mieux dans le temps imparti fait partie de la gestion courante d'une entreprise. L'entrepreneur doit constamment choisir où mettre son énergie. Il pourrait ainsi décider de cesser la prestation de certains services ou tout simplement cesser de servir un client en particulier. En outre, l'entrepreneur va, par exemple, essayer de minimiser les arrêts sur la chaîne de production ainsi que les temps morts. L'employeur, d'une petite entreprise de surcroît, n'a pas les moyens de payer ses employés à ne rien faire.

Cette dimension d'éviter les pertes de temps ne vient pas aussi naturellement lorsque cela concerne d'autres parties prenantes. Ainsi, faire attendre inutilement le livreur de marchandises ou ne pas répondre promptement aux appels en attente devrait être évité. Il n'est certes pas toujours possible de corriger le tir, mais je suis d'avis qu'il faut à tout le moins faire attention en minimisant les pertes de temps, chez soi et chez les autres.

*****

Elle est dentiste.

Elle sert plusieurs patients en même temps,<br>clients qui se chevauchent dans l'horaire.

*C'est une pratique normale.*

*...*

*Une patiente se fait donner un rendez-vous
d'une durée de 60 minutes pour 10 h.*

*Aucune complication, aucune situation d'urgence pour la dentiste.*

*La patiente sort du centre dentaire vers 12 h 20.*

*C'est une situation anormale.*

\*\*\*\*\*

Certaines personnes vont négliger ou oublier le fait que des individus peuvent être dans l'attente d'une action de leur part. On peut ainsi promettre à un employé potentiel de le rappeler le lendemain sans faute pour lui dire s'il a obtenu ou non le poste. Il faut réaliser que cette personne attend! Elle regarde peut-être fréquemment son cellulaire, anxieuse de la réponse à venir. Il est d'ailleurs fort probable qu'elle soit incapable d'entreprendre une démarche alternative tant qu'elle n'a pas reçu cet appel. Nos actions ont un impact sur autrui et je crois que nous avons la responsabilité de le considérer. C'est normal qu'un entrepreneur s'accorde du temps pour prendre une décision d'embauche. En informer l'autre partie, quelle que soit la décision finale, et respecter le délai annoncé est une attitude responsable.

… et l'argent

Je peux certainement dire que la plupart des gens font attention à leur argent. Fait-on de même avec celui des autres? Probablement pas. Or, jusqu'à un certain point, notre comportement peut causer des pertes financières à autrui. C'est à éviter. Quelle que soit l'autre partie, cela ne se fait pas. Il ne me paraît pas approprié de justifier son comportement comme suit : « Ce n'est pas grave, car il est riche. » Qu'il le soit ou non n'a rien à voir avec la nécessité de faire des affaires dans la responsabilité. Assumons notre part de l'histoire.

\*\*\*\*\*

*Il construit des embarcations de pêche.*

*Il doit livrer six embarcations la semaine prochaine.*

*Il savait à l'avance qu'il n'y arriverait pas,
mais il voulait tellement cette commande!*

*Il ne dit rien et attend…*

*Son client a réservé le camion transporteur et embauché un guide pour l'expédition de pêche qu'il compte offrir à ses propres clients. Il a d'ailleurs*

( Être Responsable )

*publicisé le tout et reçu des dépôts pour la location des embarcations.*

*...*

*La livraison est en retard.*
*Le client doit annuler l'expédition planifiée, non sans frais.*

\*\*\*\*\*

L'entrepreneur responsable considère les implications sur autrui.

### Évaluer l'improbable

Il est certain qu'on ne peut pas tout prévoir ni tout planifier. Il est très difficile de penser à toutes les possibilités. Quel serait l'impact si…? est une question dont la réponse peut présenter de nombreuses ramifications. Sans tomber dans l'excès, je crois qu'un entrepreneur a la responsabilité d'être à l'affût de ce qui pourrait se passer dans son entreprise. Cela signifie qu'un questionnement minimal devrait faire partie intégrante de toute prise de décision.

\*\*\*\*\*

*La cour n'est pas très grande*
*et les camions de livraison ont peine à y circuler.*
*Ils doivent effectuer plusieurs va-et-vient*
*avant de pouvoir se placer adéquatement pour décharger leurs livraisons.*
*L'autre jour, un accident entre deux camions a été évité de justesse.*
*L'entrepreneur a rapidement décidé d'agrandir la cour*
*afin de faciliter les manœuvres.*
*Ce qu'il en dit? « Je ne vais pas attendre que quelqu'un se blesse*
*avant de bouger. Je veux dormir l'esprit tranquille. »*

\*\*\*\*\*

Il faut définitivement couvrir les principaux risques par des polices d'assurance adéquates. La plupart des gens s'assurent pour le vol et le feu. On oublie malheureusement trop souvent de contracter une assurance responsabilité civile ou professionnelle. Ou pire, on décide de s'en passer afin d'économiser. Ce n'est pas une bonne idée. Nous espérons tous que rien de grave n'arrive, mais on sait aussi que personne n'est à l'abri de subir un accident ou de faire une faute. En outre, la vérification régulière du fonctionnement de tout système de protection doit faire partie de l'agenda.

Il faut tout d'abord Être conscient.

Il faut par la suite Être responsable dans l'action.

*****

*Il raccourcit la période d'essai !*

*Les clients attendent cette nouvelle remorque et il a peur qu'ils aillent voir ailleurs s'il ne la commercialise pas bientôt.*

*Il met en marché la remorque sans effectuer suffisamment de tests quant à sa sécurité.*

*…*

*La remorque n'est pas assez solide lorsque pleinement chargée et des gens se sont malheureusement blessés en la manœuvrant.*

*****

Ce n'est pas toujours évident de déterminer où s'arrête notre responsabilité et où commence celle de l'autre. Il est clair qu'un entrepreneur ne peut tout prendre sur ses épaules. Il y a des limites à la flexibilité donnée à l'employé qui connaît des difficultés personnelles ou dans le remboursement au client qui rapporte un produit défectueux, par exemple. Être responsable ne signifie pas qu'il faut tout accepter sans broncher. Chaque personne est libre et responsable de son propre cheminement. Il arrive ainsi qu'une mésentente dans le partage de responsabilités provoque la cessation d'une relation. Entre vous et moi, ce n'est pas nécessairement une mauvaise chose.

En déférence au thème Être Responsable, j'aimerais partager la réflexion suivante avec vous. L'honneur dans l'action paie. Que ce soit sous la forme de la rétention de la clientèle, du développement de relations durables avec les fournisseurs ou de l'engagement du personnel, les bienfaits existent et subsistent. Vous l'avez déjà compris, je ne fais pas strictement référence au montant du profit. Une attitude responsable demande une sensibilité envers l'environnement de l'entreprise, dans un positionnement allant au-delà de l'entrepreneur en tant qu'individu. Cela mène au mieux-être, dans la conscientisation et l'action, tout en contribuant à la survie de l'entreprise.

# ÊTRE HONNÊTE

*« Mentir, ou tromper, c'est créer une situation qui risque à tout moment d'éclater au grand jour. »*

# ÊTRE HONNÊTE

Le troisième thème de ce volume concerne l'honnêteté, où la droiture imprègne chaque pensée et chaque comportement. Être Honnête signifie que les actions sont effectuées dans la rigueur d'offrir le visage le plus véridique possible. Cette façon d'être faisant partie intégrante de toute activité. Je désire discuter des attitudes que je considère comme nécessaires au fonctionnement réussi d'une entreprise.

### Faire preuve d'authenticité

Pouvoir rester authentique et naturel dans ses relations rend tout plus facile. À l'inverse, une personne constamment dans la méfiance se complique, à mon avis, bien inutilement la vie. Avoir peur qu'un mensonge ou un oubli soit découvert influence la manière d'agir. Dans ce contexte, les relations sont biaisées. L'entrepreneur qui cherche à demeurer lui-même peut davantage se concentrer sur des aspects plus constructifs. Il s'évite aussi bien des inquiétudes. Que vais-je faire s'ils se rendent compte que le produit n'est pas « Fait au Canada » comme indiqué sur l'étiquette?

Intégrité → Crédibilité

L'attitude visée est de faire de son mieux pour que les actions soient conformes à la réalité. Autant que faire se peut. Personne n'est à l'abri de commettre des erreurs; cela fait partie de la vie courante. Il en est autrement lorsque l'erreur est intentionnelle. Changer la date de péremption d'un produit, ce n'est pas une erreur, mais une tromperie volontaire. C'est clairement de la malhonnêteté. On a peur de ne pas vendre les produits à temps? L'entrepreneur honnête cherchera divers moyens pour écouler sa marchandise « avant » qu'il ne soit trop tard. Il révisera sa gestion des approvisionnements s'il le faut. Il ne mettra certainement pas en péril la santé des gens. Au pire, il assumera la perte.

*****

*« Le client vient de téléphoner pour savoir quand son bateau sera réparé. Il attend depuis trois semaines. Qu'est-ce que je lui dis? »*

*« Dis-lui ce qui en est. Explique-lui que nous attendons toujours une pièce qui devait arriver au début de la semaine, mais qu'on n'a pas encore reçue. Mais avant, appelle notre fournisseur pour savoir*

> *quand il pense pouvoir expédier la pièce.*
>
> *Tu pourras alors donner une information à jour au client.*
>
> *Et puis, rassure-le, en lui disant que cette réparation sera prioritaire lorsque nous aurons la pièce en main. »*

\*\*\*\*\*

Je crois personnellement qu'une attitude honnête requiert une certaine autorégulation. Certaines personnes vont plus naturellement que d'autres saisir la subtilité d'une situation. Placer dans le fond de la boîte une unité défectueuse en espérant que l'acheteur ne s'en rende pas compte, c'est de la mauvaise foi. Retourner un nombre inférieur d'unités au fournisseur, en insistant pour dire que la boîte était complète, ce n'est pas mieux. Trancher entre ce qui est adéquat ou non n'est toutefois pas toujours aussi simple que dans ces deux exemples. Ne pas accepter certaines conditions d'affaires ou refuser d'endosser certains comportements peut s'avérer plus difficile.

\*\*\*\*\*

> *« Une personne vient de me téléphoner pour savoir si nous acceptons de concevoir son site Web. Elle désire effectuer la vente en ligne de ses produits. Je t'en parle, car je sais que les activités sont au ralenti ces temps-ci. »*
>
> *« C'est vrai, mais notre spécialité, c'est la gestion et la conception de projets à l'aide des technologies de l'information, pas la conception de sites Web proprement dite.*
>
> *À bien y penser, je préfère refuser.*
>
> *Nous ne rendrions pas service à ce client. »*

\*\*\*\*\*

Être honnête appelle le respect de l'engagement.

## Les situations délicates

Il n'est pas toujours aisé de dire ce qui en est avec exactitude. Un entrepreneur rencontrant des difficultés financières, par exemple, peut se demander quoi dire aux fournisseurs qui s'impatientent. Ou encore, un entrepreneur qui désire congédier un employé peut se demander jusqu'à quel point il doit lui dire la vérité sur les raisons de sa décision. Lorsque l'entrepreneur choisit de se taire sur certains aspects d'une situation, il doit à tout le moins s'assurer de ne pas induire l'autre partie en erreur. Envoyer quelqu'un sur une fausse piste ou lui donner de faux espoirs est, à mon avis, un manque de respect que l'entrepreneur honnête évitera.

Ménager l'autre partie est une chose.

Tromper délibérément en est une autre.

*****

*« Le fournisseur vient de laisser un message pour savoir quand il sera payé. Qu'est-ce que je lui dis? »*

*« Ne le rappelle pas. Attends qu'il le fasse. Tu lui diras alors que le chèque a été posté ce matin ou qu'on n'a jamais reçu sa facture ou qu'il s'est sûrement trompé dans l'adresse. »*

*****

Se sauver d'une situation délicate aujourd'hui

peut grandement envenimer la situation demain.

Le respect consiste, entre autres à ne pas sous-estimer l'intelligence des autres en leur disant un peu n'importe quoi. Le fournisseur sait bien qu'il a posté la facture, et aussi qu'il a la bonne adresse. Ils font des affaires ensemble depuis trois ans! La personne à qui l'on demande de mentir peut d'ailleurs se sentir très mal à l'aise de le faire. Elle pourrait en venir à quitter son emploi. De même, l'employé qui se fait congédier aura du mal à comprendre ce qui lui arrive si l'employeur ne cesse de ressortir ce qu'il fait de bien tout en lui donnant son avis de congédiement. La situation n'est déjà pas idéale, alors évitons à l'autre partie de se sentir flouée ou manipulée. Dans le contexte où la vérité ne serait pas bonne à dire, restons honnêtes et plausibles dans les idées véhiculées. Pourquoi envenimer inutilement la situation?


Les situations de négociation

Que ce soit verbal ou écrit, la conclusion d'un accord résulte très souvent d'un processus de négociation entre les parties. La détermination du prix d'échange de biens ou de services ou la négociation du salaire d'un employé sont des opérations fréquentes. Une partie demande 10 $ l'unité, par exemple, alors que l'autre partie offre 8 $ l'unité. Le processus consistera à établir un prix final, vraisemblablement à l'intérieur de cet intervalle. Dans ce genre de situation, la prudence est de mise. Un entrepreneur qui avance trop tôt son intérêt peut se retrouver dans une position moins avantageuse que ce qu'il avait prévu.

Celui qui offre un prix trop bas, comme 7 $ l'unité, pourrait carrément faire avorter la transaction. L'autre partie se désistant d'une discussion où un quelconque règlement lui semble impossible. Certains pourraient d'ailleurs se sentir insultés par une offre considérée comme étant ridicule. À l'inverse, celui qui offre un prix trop élevé, disons de 8,75 $ l'unité, hausse le prix de départ. En fin de compte, le prix négocié pourrait bien être plus élevé que nécessaire.

*****

*« Je viens de recevoir ta facture pour le déneigement de la prochaine saison. Le prix a pratiquement doublé. »*

*« Oui, c'est que le prix de l'essence a augmenté, comme tu le sais. Je ne peux rien faire. »*

...

*« Je t'appelle pour t'informer que je ne ferai finalement pas appel à tes services pour le déneigement de cette année. »*

*« Pourquoi? Cela fait cinq ans que je le fais. »*

*« J'ai trouvé quelqu'un qui me demande moins cher. »*

*« Tu aurais pu m'en parler, j'aurais pu faire quelque chose sur le prix. »*

*« Peut-être, mais tu étais tellement loin de ce que j'ai obtenu ailleurs que je n'ai pas voulu perdre de temps avec cela. »*

*****

Déterminer quoi dire et à quel moment le dire dans un processus de négociation est un défi en soi. Lorsque l'agenda est chargé, le désir de conclure rapidement afin de pouvoir passer à autre chose peut biaiser le comportement. Dans l'avancement de ses affaires, l'entrepreneur doit faire preuve d'honnêteté, avec retenue. Il respectera ce qu'il avance sans dévoiler trop rapidement les atouts qu'il détient. Afin de guider sa démarche, il peut certainement s'informer au préalable. Qu'est-ce qui se passe ailleurs? Qu'est-ce qui serait raisonnable? Une courte réflexion sur ces questions peut lui éviter de dire ou de faire des choses inappropriées.

## Opérer avec justesse

La vie d'un entrepreneur est remplie de situations où il doit décider quoi faire. Quel service offrir? À quel prix? Quel genre de publicité? sont des exemples de questions récurrentes. Lorsqu'il se prépare à prendre position, l'entrepreneur doit généralement considérer plusieurs aspects en simultané. Pas seulement le profit. Pas seulement le court terme. Dans son évaluation des points à considérer, les pours

Être Honnête

et les contres, l'entrepreneur doit faire preuve d'objectivité afin de laisser la chance aux diverses considérations de s'exprimer. Et surtout, il doit tenir compte de l'environnement dans lequel s'effectue toute transaction.

*****

« *Je viens de découvrir que nous avons prélevé des taxes lors de la vente de certains produits qui en sont pourtant exemptés. Nous n'aurions pas dû.* »

Être conscient.

« *Que fait-on? Cet argent ne nous appartient pas.* »

Être responsable.

« *Nous allons remettre les sommes perçues en trop aux clients concernés.* »

Être honnête.

*****

Les situations récurrentes

L'équité du comportement dans les relations avec les différentes parties simplifie grandement la gestion d'une entreprise. Les situations similaires étant essentiellement traitées de la même manière. Le coût d'un examen de la vue, par exemple, devrait être le même pour tous les clients, que leur régime d'assurance collective les rembourse ou non. On peut exiger, par exemple, la présence d'un employé de l'entreprise lors du déchargement de toute livraison. L'adoption d'une telle pratique, qui ne fait pas d'exception, ne froisse alors personne, même le plus honnête des fournisseurs. Je suggère à l'entrepreneur de s'assurer que les directives de base sont connues de tous. On peut d'ailleurs consigner ces directives par écrit et les bonifier au fil du temps, compte tenu des situations rencontrées. Que fait-on quand...?

*****

« *Je viens de recevoir votre facture et je ne comprends pas pourquoi on me charge des frais de livraison de 12 $. Je n'en ai pas payé la dernière fois.* »

*****

Faire preuve de transparence dans sa façon de gérer est une attitude gagnante. Si des frais de manutention ou des frais connexes s'additionnent à la facture, le client doit le savoir dès qu'il commande. Autant que faire se peut, les gens en place ainsi que les parties prenantes doivent être adéquatement informés. Cela minimise les situations d'incompréhension et de frustration. Ce n'est jamais agréable de gérer une situation où l'autre partie se croit victime d'une injustice.

L'information véhiculée

Dans la réalisation de la plupart des transactions d'affaires, chacune des parties est libre. Libre d'acheter et libre de vendre. La divulgation d'une information adéquate de part et d'autre m'apparaît indispensable afin de s'assurer que l'entente s'effectue en toute connaissance de cause. L'acheteur, par exemple, doit avoir en main les renseignements sur la garantie du produit qu'il achète. Le vendeur, par exemple, doit s'assurer de la solvabilité du client à qui il fait crédit.

Mettre en valeur ses atouts est normal. Un entrepreneur désire présenter les biens et services offerts sous leur meilleur jour. Il doit les faire connaître et attirer l'attention sur leurs caractéristiques particulières. On peut facilement imaginer qu'une entreprise qui ne ferait que souligner les faiblesses ou les moins bons côtés de ce qu'elle offre ne survivrait pas très longtemps. Il faut néanmoins s'assurer de ne pas volontairement mentir ou contrefaire la réalité. Lorsqu'une entreprise fait valoir un coefficient d'isolation des fenêtres qu'elle pose, celui-ci doit être exact. Être muet ou ne pas insister sur un aspect? Peut-être. Dire le contraire de la vérité? Non.

Il faut également s'assurer que les informations divulguées sont claires et compréhensibles. Les instructions d'entreposage d'un produit, par exemple, doivent être mises en évidence sur l'emballage.

*****

*Ce n'est pas suffisamment étanche.*

*Après quelques mois d'usage, il y a émission de vapeurs qui, à la longue, pourraient devenir nocives pour la santé.*

*Ils ont arrêté la fabrication, redéfini le matériel utilisé, puis amélioré le produit.*

*****

Je considère que l'entrepreneur doit s'assurer de ne pas volontairement omettre des informations qui, si elles étaient connues, pourraient changer le comportement décisionnel des parties avec qui il fait affaire. Cette remarque devient d'autant plus pertinente lorsque l'impact de ce qui n'est pas dit risque d'être majeur.

Illégal? Peut-être que oui, peut-être que non.

Immoral? À envisager...

( Être Honnête )

Les conditions de vente

J'ai déjà mentionné que je crois qu'il est nécessaire d'établir un prix d'échange juste et raisonnable. Je réitère cette idée en insistant sur les situations où les conditions de vente pourraient permettre à l'une ou l'autre des parties d'abuser. Se retrouver en situation de monopole de manière imprévue ou se retrouver au cœur d'une situation d'urgence peut ouvrir la porte à l'abus d'autrui. On pourrait dire qu'il s'agit alors d'une sorte de mise à l'épreuve de l'honnêteté de l'entrepreneur.

Fixer un prix, dans le sens de la distribution et de l'équité.

\*\*\*\*\*

*Il y a panne d'électricité.*

*Le retour du courant n'est pas prévu avant plusieurs jours.*

*Elle s'empresse aussitôt d'augmenter le prix des trois génératrices actuellement sur le plancher de 300 $ chacune.*

*Les clients achètent tout de même...*

*Son entreprise se situe dans une petite ville.*

*Certains clients ne sont jamais revenus dans son commerce.*

\*\*\*\*\*

J'aimerais préciser une chose. Dans l'exploitation d'une entreprise, il est normal de tenir compte de l'offre et de la demande. Un produit plus rare sera généralement offert à un prix plus élevé qu'un produit disponible à profusion. Il en est de même d'un produit dit de luxe. Il faut naturellement que la demande soit présente. Quel que soit le produit ou le service offert, si personne n'en veut, il sera toujours trop cher! Un entrepreneur peut certainement tenir compte des circonstances propres au marché dans la détermination du prix et des conditions de vente. On remarque ainsi que les nouveautés de la saison se vendent à un prix plus élevé.

Saisir une opportunité? Oui.

Profiter d'une situation de vulnérabilité pour abuser? Non.

\*\*\*\*\*

*C'est le jour du déménagement.*

*Le déménageur exige davantage que la somme annoncée au téléphone.*

*Sous la menace de voir tous ses biens personnels déposés sur le trottoir, la cliente paie.*

…

*De l'autre côté de la rue, les déménageurs et les clients se serrent la main.*

*La transaction s'est effectuée comme convenu.*

*On reconnaît de plus en plus la bannière de ce déménageur qui voit sa clientèle augmenter d'une année à l'autre.*

*****

Je condamne personnellement certaines tactiques de vente. On assiste parfois au développement de stratagèmes dont l'objectif ultime est de « faire plier » le client coûte que coûte. Il arrive d'ailleurs que plus d'une personne soit impliquée dans ce « jeu », ce qui le rend d'autant plus dangereusement efficace. Dans ce genre de situation, le client se sent bien seul, voire démuni. Cela affecte son jugement, dans sa décision d'achat. À mon avis, celui qui en profite fait tout simplement preuve de malhonnêteté. Certains diront que le client était libre d'acheter ou non. Vraiment? Quand la transaction s'effectue sous la pression morale, est-ce une transaction librement acceptée?

*****

*Le client désire faire asphalter son stationnement. Il montre l'emplacement, explique ce qu'il désire, puis présente les plans. L'entrepreneur et lui s'entendent sur le prix.*

*Le jour prévu de la réalisation des travaux, l'entrepreneur arrive sur les lieux avec son associé. Ce dernier examine brièvement l'emplacement, puis veut rediscuter du prix. « C'est plus grand que tu avais dit. », « Ton terrain n'est pas assez bien préparé, il va nous falloir le retravailler avant de commencer les travaux », puis finalement « Tu nous as tous fait venir ici pour rien! ».*

*Pendant ce temps, l'équipe de travailleurs, qui entend tout, est dans l'attente d'exécuter les travaux.*

*À bout d'arguments, et pour acheter la paix, le client finit par payer 25 % de plus que le prix initial pourtant entendu.*

*...*

*Quelque temps plus tard, le client rencontre une personne ayant également fait affaire avec cet entrepreneur. Ils se rendent alors compte que le processus est toujours le même : le premier établit le prix que le deuxième vient remettre en question, sous pression, le jour prévu des travaux.*

*****

Eu égard à ce qu'on voulait ou pensait, un changement ou un imprévu dérange. Lorsque les événements ne se déroulent pas de la manière planifiée, une attitude de recul est de mise. Trop de décisions se prennent dans la bousculade ou le désir de régler la situation. Ce n'est

Être Honnête

pas toujours le meilleur choix. En certaines circonstances, dans une attitude de détachement constructif, il faut savoir refuser ou reporter l'action projetée.

La rémunération de celui qui vend

Dans la pratique, il est courant de rémunérer le personnel de vente en fonction du chiffre des ventes générées. Il existe à cet effet une grande diversité dans les modes de calcul qui, au bout du compte, ont le même objectif, soit de motiver le vendeur à vendre davantage. Vendre est donc son gagne-pain. Mon but n'est pas de remettre en question ce genre de rémunération, mais de sensibiliser sur ses effets. Il faut essentiellement considérer le biais comportemental inhérent d'une personne dont la paie dépend des ventes qu'elle effectue. Je crois d'ailleurs qu'il serait humainement très difficile de ne pas subir l'influence de ce biais.

*****

*« Je viens de lire qu'il est préférable de verser un montant forfaitaire aujourd'hui plutôt que de le diviser en versements mensuels égaux.*

*Pourquoi m'avoir suggéré le versement mensuel? »*

…

*C'est que la commission de la représentante est plus élevée lorsque le client adhère au prélèvement automatique.*

*****

Je ne suis pas en train de vous faire croire qu'un tel biais invalide automatiquement le travail d'une personne travaillant dans la vente. Dans les petites entreprises, il arrive d'ailleurs bien souvent que le principal représentant commercial soit l'entrepreneur lui-même. Chacun est responsable de la rigueur accordée à ce qu'il fait. Ici, mon but est de sensibiliser sur la présence de cet aspect dans les relations d'affaires. Lorsque les enjeux sont importants, une contre-vérification des propos d'un représentant est une bonne idée. Bien se renseigner avant la signature d'une entente est un conseil avisé.

De manière générale, il faut se rendre compte que les motivations de l'un et de l'autre influencent leurs actions. Ce n'est pas toujours aussi direct que dans l'exemple ci-dessus, mais cela existe. Chaque personne a ses propres objectifs qui influencent, à différents degrés, son comportement. L'argent n'explique pas tout. Par loyauté, par exemple, une réceptionniste peut se faire un devoir de présenter de manière avantageuse – parfois même un peu trop – les nouveaux produits aux clients.

*****

*« Je ne suis pas à la commission! Alors je suis objective. »*

...

*Mais tu dois vendre un montant minimum pour être bien évaluée et conserver ton travail.*

*****

La publicité

Je la souhaite la plus véridique possible, peu importe le moyen de communication utilisé. Il est usuel de faire ressortir les particularités et les avantages de ce qui est offert. L'important est que ce soit vrai. Lancer une phrase telle que « Venez goûter à la meilleure poutine de la région. » ne dérange pas vraiment. Le client sait faire la part des choses. Le contenu du message peut toutefois être plus spécifique ou plus technique. Lorsque la publicité annonce que l'échantillon est gratuit, il doit effectivement l'être. Lorsque la brochure publicitaire fait référence à la vitesse de rotation d'une machine-outil, celle-ci doit être exacte. Quand le client ne peut vérifier par lui-même ce qui en est, l'honnêteté dans l'information est d'autant plus indispensable. L'entrepreneur doit d'ailleurs être prêt à prouver, par des faits établis, ce qu'il avance.

*****

*« La première consultation est d'une durée d'environ 30 minutes. Après avoir établi votre état de santé, puis rempli un questionnaire, une analyse de vos besoins particuliers est faite. Vous recevez alors un diagnostic personnalisé. »*

*On remarque toutefois que la recommandation est toujours la même : trois séances sont nécessaires pour parvenir à un résultat positif.*

*****

Je privilégie grandement l'approche positive et constructive. Certains entrepreneurs vont prendre le temps de renseigner leur clientèle sur la fabrication ou l'usage de leurs produits. Un pomiculteur, par exemple, peut inviter les gens à venir essayer de nouvelles recettes pendant la haute saison de manière à mousser ses ventes. Un acupuncteur peut développer une section Foire aux questions sur son site Web de manière à renseigner les gens et démystifier ce moyen d'intervention. Quelle que soit l'approche choisie, il me semble préférable d'insister sur ce que l'on offre sans référence négative sur ce qui se fait ailleurs. En outre, compte tenu de leurs moyens financiers souvent limités, certains entrepreneurs font preuve d'imagination et d'originalité lorsqu'il s'agit de faire connaître ce qu'ils offrent. Sachons surprendre.

Être Honnête

Certaines personnes vont malheureusement plutôt choisir d'attaquer leurs concurrents dans l'objectif de rehausser leur propre position. Ils peuvent aller jusqu'à dénigrer directement une autre personne, un autre produit ou une autre entreprise. D'une part, cela finit par envenimer les relations avec d'autres parties qui peuvent non sans surprise riposter. Qui sait? Les personnes concernées pourraient se retrouver face à face lors d'un congrès ou éventuellement envisager un projet commun. D'autre part, les clients peuvent se sentir mal à l'aise au milieu d'un échange de propos dépréciateurs et tout simplement aller ailleurs. Qui sait? L'effet final obtenu peut différer du but initial recherché.

*****

*« Trouvez-vous que mon précédent électricien a fait les choses correctement? »*

*« Il y a différentes méthodes de travail et votre système a été installé il y a dix ans.*

*Que puis-je faire pour vous aujourd'hui? »*

*****

Miner la crédibilité de l'un ou Détruire la réputation de l'autre

n'est pas une stratégie payante.

### Jauger adéquatement chaque situation

D'emblée, je me permets de rappeler que les situations se présentant dans la vie courante d'une entreprise ne sont pas toujours claires. L'honnêteté pour l'un n'a pas nécessairement la même signification chez l'autre. Sur ce point, je dirais que bon nombre de personnes ne se rendent tout simplement pas compte que leur façon de « faire des affaires » peut manquer d'honnêteté. Lorsque tous les autres le font, on peut même en venir à penser que c'est correct de le faire. Lorsque cela réussit sans anicroche, cela conforte davantage le comportement. En d'autres termes, je crois qu'il arrive que des gens se fassent un jour pointer du doigt en ne sachant pas trop comment ils ont pu en arriver là. Pour eux, c'était une façon normale de procéder. Ils n'ont probablement jamais même pensé à la remettre en question.

*****

*Elle est agente d'immeubles.*

*Elle accepte la mise en vente de propriétés, peu importe le prix demandé.*

*Au cours des premières semaines qui suivent la signature d'un contrat de courtage, elle prend son temps. Elle tarde à inscrire la propriété sur les sites de vente et à rendre les appels reçus.*

*Bref, ses efforts de vente sont limités.
Elle attend que le vendeur s'inquiète et s'impatiente.*

*…*

*Après quelques mois infructueux, elle explique au client que le prix demandé est trop élevé. (Il l'est toujours!)
Le vendeur accepte alors plus facilement de baisser son prix.
Elle met ensuite les efforts nécessaires et vend en général assez rapidement.*

*Pour elle, c'est une stratégie efficiente de travail.*

\*\*\*\*\*

Je crois personnellement que la manipulation, sous quelque forme que ce soit, est à proscrire. Il n'est pas honnête de tenter de fausser la réalité ou de tenter d'orienter la perception de l'autre pour son bénéfice personnel. C'est de l'abus, que l'initiateur peut parfois exercer de manière inconsciente. Celui qui subit la manipulation n'a malheureusement pas toujours l'opportunité ou la capacité de se rendre compte de ce qui se passe. Certaines entreprises vont jusqu'à créer un besoin inutile ou jouer avec les peurs des gens. Ils réussissent, par exemple, à convaincre un client qu'il y a de gros problèmes d'humidité dans sa maison pour lui vendre un déshumidificateur, alors que ce n'est pas le cas. Ils peuvent aller jusqu'à insister sur les méfaits d'un taux d'humidité trop élevé sur leur santé.

\*\*\*\*\*

*« J'appelle pour annuler mon service téléphonique. »*

*« Pourquoi? »*

*« Je viens de m'abonner avec une compagnie qui m'offre le même service, mais moins cher. »*

*« Laquelle? »*

*« xyz »*

*« Avez-vous entendu parler d'eux? Le service coupe souvent et il y a souvent du grésil sur la ligne.
Êtes-vous sûr de vouloir vous dissocier de votre compte? »*

*« C'est trop tard, je vous appelle avec ma nouvelle ligne. »*

*…*

*« Pardon? Je ne vous entends pas bien, la ligne n'arrête pas de couper. Vous allez devoir nous rappeler pour annuler, car votre ligne ne fonctionne pas bien. »*

\*\*\*\*\*

( Être Honnête )

L'entrepreneur doit s'assurer que les pratiques d'affaires de son entreprise sont adéquates, dans le respect des parties prenantes. Il faut prendre le temps de jauger ce qui se fait. De quelle manière les employés et collaborateurs agissent-ils? Il y a une différence entre influencer sur la base d'une argumentation solide et vraie et manipuler l'information ou désinformer. Le fait d'avoir « toujours procédé comme tel » n'est pas une garantie que tout est correctement fait.

L'ordonnancement des événements

Dans l'évaluation de toute situation, je vous suggère de tenir compte du déroulement des événements dans le temps. L'information circule, les événements s'enchaînent, la situation évolue. Le flot d'informations est continu. Si l'on pouvait avoir en main toute l'information nécessaire au moment exact d'une prise de décision, ce serait beaucoup plus facile. Ce n'est toutefois pas le cas, ce qui requiert la considération honnête de ce qui est disponible à un moment donné. Si l'on pouvait prévoir, par exemple, les variations du taux de change, on pourrait mieux planifier les dates d'achat de marchandises en provenance des États-Unis. Dans un environnement décisionnel, se positionner adéquatement dans le temps mène à l'impartialité. En d'autres termes, il est nécessaire d'évaluer en fonction de l'information disponible au moment visé. Vue aujourd'hui, l'information disponible dans le passé était probablement incomplète.

*****

*Un client désire acheter 10 000 livres de saumon. Il offre un très bon prix.*

*L'entrepreneur-pêcheur ne peut répondre à cette demande, car son livret de commandes est plein. Il atteint déjà son quota annuel de pêche.*

*Les commandes qu'il a précédemment acceptées sont pourtant moins payantes.*

*Pourrait-il blâmer l'employé qui accepte les commandes?*

*****

Faire au mieux, avec ce que l'on a, à chaque moment.

Le bien-fondé d'une opinion

Dans les différents aspects de sa gestion, l'entrepreneur doit s'assurer de pouvoir justifier ses opinions. Un minimum de rigueur m'apparaît nécessaire lorsqu'on porte un jugement ou qu'on émet un avis. Plus les conséquences sont importantes, plus les bases d'appui doivent être solides. Effectuons donc une recherche suffisante d'informations et assurons-nous de la crédibilité de ce qui est véhiculé. Une opinion lancée trop rapidement ou sans fondement peut entraîner des complications inattendues. Cela peut remettre en question une relation qui fonctionnait pourtant très bien, ou encore, blesser quelqu'un dans son amour-propre. Ce n'est pas si évident de remettre les choses en place *a posteriori*, même lorsque des excuses sont présentées.

*****

*« Je vous appelle pour vous dire que votre compte à payer est en retard depuis plus de six mois. Vous devez voir à vos affaires et payer cette semaine sans faute. Sinon, nous allons entreprendre des démarches juridiques pour récupérer ce que vous nous devez depuis longtemps. On vient de vous mettre sur notre liste de mauvais payeurs. »*

*« Pardon? »*

*La personne répète à peu près la même chose avec davantage d'agressivité.*

*« J'ai pourtant payé mon compte, dans les jours qui ont suivi sa réception. »*

*La personne raccroche. Elle n'a jamais rappelé.*

*****

Je crois aussi qu'il n'est pas toujours nécessaire d'exprimer son opinion. Certaines personnes ne se gênent pas pour porter des jugements de valeur ou pour dire ce qu'elles pensent sur des sujets controversés. Lorsque le contexte de l'entreprise ne le requiert pas, l'entrepreneur devrait s'en abstenir, le faire avec diplomatie ou le faire en privé. Qui sait qui l'entendra? Je ferais également preuve de prudence à l'égard de sujets pour lesquels je n'ai pas d'expérience ou de compétence. À chacun ses spécialités.

*****

*Elle est restauratrice.*

*Très présente dans son restaurant, elle se plaint fréquemment du fait qu'il est de plus en plus difficile de recruter de bons serveurs, puis de les garder.*

*« Les jeunes ne veulent plus travailler! »,*
*se plaît-elle à répéter sur tous les tons!*

*****

L'accord implicite

Dans sa responsabilité et son honnêteté, l'entrepreneur doit comprendre que le comportement des employés et des partenaires peut avoir des répercussions sur l'entreprise. Fermer les yeux et faire comme si de rien n'était est une sorte d'acquiescement. Il y a peu de différences entre ne rien dire et laisser faire, ou approuver. Certains diront qu'on ne peut pas être responsable de tout. Je dirais plutôt de faire attention à la responsabilité indirecte. On ne peut pas toujours faire semblant de ne pas être au courant.

*****

*La loi détermine le nombre maximal d'occupants autorisés sur le site.*
*Ses employés ne refusent personne.*
*Davantage de personnes signifie davantage de revenus pour eux.*
*« Juste cette fois-ci », se disent-ils.*
*Nous espérons tous que rien de fâcheux n'arrive.*

*****

### Tenir une comptabilité irréprochable

Cela va de soi, et pour de nombreuses raisons. Garder la trace de l'ensemble des transactions effectuées permet, entre autres de suivre la performance financière de l'entreprise. L'entrepreneur se servira, par exemple, de l'état des résultats mensuel pour évaluer la stabilité ou la progression des ventes et du profit. Il est également nécessaire de préparer des rapports cumulant l'information financière afin de répondre aux exigences du bailleur de fonds ou de l'État (taxes à la consommation, déductions à la source, impôts sur le revenu, etc.). C'est obligatoire, et l'entrepreneur doit s'acquitter promptement, avec diligence, de ses responsabilités.

*****

*« Il nous faut dépenser entre 10 000 $ et 12 000 $ en frais de recherche et de développement pour garder la subvention reçue.*
*Peux-tu arranger les chiffres pour que ça arrive? »*

*****

*« Je pense vendre l'entreprise l'année prochaine, peux-tu t'arranger pour transférer des profits de cette année à l'année prochaine? »*

*****

Il est normal de faire ce qu'il faut pour le bien de l'entreprise. Faire des choix qui respectent les règles fiscales, dans l'objectif de minimiser l'impôt à payer, c'est courant et acceptable. Planifier la répartition des revenus entre deux associés afin de maximiser le bien-être de chacun est fort compréhensible. Une application adéquate des règlements et des lois est certainement recommandée, préférablement avec l'aide d'une personne compétente. Il y a toutefois une différence entre faire ce qu'il faut pour le meilleur de l'entreprise et son entrepreneur et trafiquer les chiffres.

Tenir une comptabilité propre.

C'est tellement plus simple.

Le prix de la fraude

Étant donné la nature des propos énoncés jusqu'ici, vous ne serez pas surpris de lire que je vous suggère fortement de comptabiliser adéquatement l'ensemble des opérations financières effectuées. Pas de revenus non déclarés. Pas de travail au noir. Pas de réclamations pour remboursement de taxes sur la base de fausses factures. Pourquoi? Le fait que ce ne soit pas légal est certainement une raison suffisante. Ajoutons aussi que les impacts sur les personnes impliquées, sur l'entreprise, sur la société et l'État sont nombreux. Certains pourraient y voir une augmentation directe et à court terme de leurs propres avantages. L'entrepreneur honnête comprendra qu'il existe plusieurs inconvénients à moyen terme.

*****

« Nous n'avons pas eu ce contrat. »

« Qui l'a obtenu? »

« Notre concurrent d'en face. »

« On le sait bien,<br>il engage des travailleurs au noir qui lui coûtent moins cher. »

*****

Il faut savoir que les transactions d'affaires se basent essentiellement sur ce qui paraît, sur ce qui est déclaré. Comment faire respecter la garantie d'un produit sans facture? Comment prouver le montant réclamé s'il est artificiellement gonflé? Comment recevoir des prestations d'assurance si l'emploi n'est pas officiel? Dans le cadre d'une transaction d'achat-vente d'entreprise, par exemple, les états financiers servent à la détermination du prix. De manière générale, l'ampleur des ventes et des bénéfices réalisés influence la valeur d'une entreprise. Si une partie des activités s'effectue dans l'ombre, on ne peut certainement pas s'attendre à ce que l'acheteur paie pour ce qu'il ne peut vérifier. Celui qui cache des revenus aujourd'hui ne peut les exposer demain. Celui qui trafique les dates sur les factures peut avoir de la difficulté à rendre des comptes. Celui qui a trompé peut trouver porte close plus tard.

*****

« Nous ne pouvons pas vous accorder
le prêt demandé pour vos rénovations. »

« Pourquoi ?!? »

« C'est que vos revenus seront insuffisants pour rembourser le prêt. »

« Ne vous en faites pas avec cela,
je fais environ 20 000 $ de plus que ce que je déclare. »

« Nous sommes désolés, nous ne pouvons pas prêter sur la base des revenus que vous cachez. Nous n'avons pas de preuve de leur existence. »

*****

La crainte de se faire épingler

Tout acte frauduleux risque d'être découvert. Quand? Nul ne le sait. J'imagine que les personnes impliquées croient fermement que ça n'arrivera pas, ou encore, qu'elles sauront bien se débrouiller rendu là. Lorsque le prix payé est en argent comptant afin d'éviter les taxes (TVQ et TPS), les deux parties, le client et le fournisseur, sont impliqués. Il en est de même d'un employeur et de l'employé qui travaille au noir. Bien que chaque personne soit responsable de ses propres actes, l'entrepreneur qui incite à de tels échanges doit comprendre qu'il influence et entraîne d'autres personnes avec lui.

*****

« Vous avez inscrit une dépense de 11 500 $
à titre de frais de recherche et de développement
dans le compte rendu sur l'usage de la subvention que vous avez reçue.

Pouvez-vous nous expliquer pourquoi, dans votre déclaration fiscale,
le montant est plutôt de 8 700 $ pour la même période? »

*****

Il est malheureux de constater qu'il semble facile de justifier ce qui est fait. « Je paie tellement d'impôts et de taxes ailleurs que je peux bien en cacher un peu. » est une phrase trop souvent entendue. Ou encore, « Tant qu'ils ne s'en rendent pas compte, c'est correct. » Et finalement, « Tout le monde le fait, alors pourquoi pas moi? »

Le fait que ce soit une pratique répandue

ne la rend pas pour autant acceptable.

© Attitudes d'Entrepreneur

À différents degrés, je crois fondamentalement que les gens malhonnêtes vivent dans la crainte de voir la vérité sortir au vu et au su de tous. Ils ne sont certainement pas sans y penser. L'évasion fiscale, par exemple, exige la mise en place d'un stratagème qui cache la réalité. Ce n'est pas si facile de truquer les comptes pour que rien ne paraisse. Ce n'est pas si facile de cacher le mouvement de l'argent comptant sans laisser de traces. Comment se sentirait-on si cela venait à être publiquement connu? et, serait-on prêt à assumer les coûts, financiers et autres, qui en découleraient? L'entrepreneur honnête n'a pas à se préoccuper des conséquences éventuelles de quelconques problèmes avec les autorités fiscales ou autres. Il a certainement des choses plus intéressantes à faire que de toujours être sur ses gardes.

*****

*« Je viens de recevoir une lettre du gouvernement nous demandant d'envoyer les factures du poste Entretien et réparations. »*

*« Pas de problème, envoie-les. Tout est en ordre. »*

*****

## Maintenir son intégrité

Face aux diverses situations qui se présentent à lui, l'entrepreneur doit agir avec conscience. Lorsqu'il est appelé à commenter, décider ou agir, il doit faire preuve d'équité. Lorsqu'il accorde un rabais aux employés qui désirent acheter dans la boutique de produits, ce rabais devrait être le même pour tous. Certains employeurs font la différence entre l'employé à temps partiel et l'employé à temps plein. D'accord, mais donnons le même rabais à tous ceux faisant partie d'un même groupe. Ou encore, établissons des règles claires et logiques. Soyons équitables et constants. Une telle attitude devrait être sous-jacente à toute relation d'affaires. Deux clients qui se procurent la même chose au même moment devraient être traités de la même manière.

*****

*« Je viens de parler à un collègue qui se procure aussi ses boîtes de carton chez vous.*

*Il me dit qu'il reçoit 1 % d'escompte lorsqu'il paie les sommes dues dans les 10 jours suivant la réception de l'état de compte. Pourquoi n'ai-je pas le même privilège? »*

*« Vous ne l'avez pas demandé. »*

*!*

*****

Être Honnête

Autant que faire se peut, je suggère la simplicité. Une liste de prix claire, connue des parties intéressées, facilite les échanges. On s'attend, par exemple, à ce que le taux horaire d'un garagiste soit le même pour tous. L'entrepreneur peut certainement accorder des rabais sur volume d'affaires. Il peut diminuer, par exemple, le prix moyen de l'entretien de la flotte de camion d'un client. Il prendra tout de même le temps de s'assurer de l'équité à l'égard des autres clients du même genre. Toute situation de favoritisme risque d'être découverte. Celui qui constate ne pas avoir reçu le même traitement que les autres se sentira lésé. Il ne cherchera pas nécessairement à éclaircir la situation. S'ensuit un manque de confiance pouvant teinter les relations futures, s'il en est toujours.

*****

*« Je viens de recevoir ta facture et le montant me surprend beaucoup. Tu m'avais parlé d'une dizaine d'heures de travail. »*

*« C'est que cela m'a pris plus de temps que prévu. »*

*« Combien de temps? »*

*« Je ne sais pas, je n'ai pas accès à mes feuilles de temps ce matin. Mon ordi m'a lâché. »*

*« Si je me base sur le taux de l'an dernier, tu aurais fait plus de trente heures de travail. »*

*« J'ai travaillé plus que prévu et mon taux a augmenté depuis l'an dernier. »*

*« De combien? »*

*…*

*« Peux-tu m'envoyer le détail de la facturation? Je n'ai qu'un montant global. »*

*…*

*« Écoute, la facture n'est pas très élevée. Et j'ai fait du bon travail. Tu peux certainement la payer avec le profit que tu viens de faire à la suite de la vente de ton chalet. »*

*!*

*****

Lorsqu'un professionnel facture ses services en fonction des heures travaillées, il se doit d'être rigoureux dans le suivi de son temps. Le client s'attend à payer pour les services reçus, pas plus, pas moins. En s'installant à son compte pour exercer son activité, l'auto-entrepreneur qu'est le comptable, l'avocat ou le conseiller en ressources humaines doit faire preuve d'honnêteté envers sa clientèle. Il est décevant de constater que la sur-facturation de services rendus est un phénomène qui existe. Pour moi, facturer plus d'heures que le nombre réel d'heures travaillées ou changer le taux horaire en fonction de la situation financière d'un client, c'est une sorte de fraude. Que le client s'en rende compte ou non, qu'il puisse le prouver ou non, cela ne fait aucune différence. C'est malhonnête. Je me permets également de croire que de tels agissements aujourd'hui entravent la prospérité de demain.

Les conflits d'intérêts

Lorsque le jugement d'une personne peut être influencé par des considérations personnelles, il y a conflit d'intérêts. Face à un choix quelconque, on présume alors – à tort ou à raison – que toute personne va d'abord privilégier son bien-être. Est-ce que les intérêts des clients sont considérés ou priorisés? Est-ce que les objectifs des deux parties convergent? Le conflit d'intérêt, réel ou perçu, prend plusieurs formes qui se caractérisent par une influence « potentielle » sur la prise de décision. Offrir les produits d'un client ou d'un fournisseur auquel on est associé, par exemple, peut biaiser le processus de sélection. Dans le cadre d'une analyse objective, serait-ce le meilleur choix?

*****

*Il dirige une entreprise qui offre des services de gestionnaire de copropriétés.*

*Outre les honoraires de gestion, les frais qu'il débourse dans le cadre de cette fonction lui sont remboursés par l'ensemble des propriétaires.*

*L'entretien des aires communes de l'immeuble est confié à une entreprise qui appartient à sa conjointe.*

*Elle établit le tarif. Il l'accepte tel quel sans se préoccuper du prix sur le marché pour des services semblables.*

*****

La présence d'un conflit d'intérêt ne signifie pas automatiquement que les parties abusent de la situation. Un entrepreneur peut certainement faire affaire avec l'entreprise de sa conjointe à un prix équivalent au marché. Il faut néanmoins réaliser que les apparences sont contre eux. Quant aux faits? Dans ce cadre, il faut s'assurer de pouvoir justifier l'opération face à d'autres parties impliquées, s'il y a lieu. Les conflits d'intérêts ne sont pas nécessairement mauvais ou nuisibles. L'important est de les identifier adéquatement afin de les gérer de manière objective et transparente. Il est certainement possible d'engager son beau-frère menuisier pour rénover les bureaux. Ce n'est pas illégal.

*****
*« Allô petite sœur. Comment vas-tu?*
*Peux-tu me donner des informations sur les autres soumissions que tu as reçues pour que je puisse terminer la mienne? »*
*« Je suis désolée, mais je ne peux pas. En apprenant que tu présentais une soumission, je me suis d'ailleurs retirée du comité de sélection. »*
*****

Étant donné leur nature, les situations de conflit d'intérêts font régulièrement l'objet de divers règlements et lois. Il faut savoir, entre autres que les autorités fiscales s'intéressent aux transactions entre parties liées. Un entrepreneur, par exemple, ne pourra pas vendre son entreprise à la génération suivante à n'importe quel prix. Je lui suggère d'ailleurs de consulter un fiscaliste afin de s'assurer que cela est fait en bonne et due forme. Un entrepreneur qui désire signer un contrat avec un organisme public, telle une municipalité, doit être au courant des règles particulières qui régissent ce secteur. La plupart des règlements et lois s'attardent essentiellement aux liens d'affaires et aux liens familiaux lorsqu'il s'agit d'identifier la présence d'un conflit d'intérêt. Ma définition personnelle est un peu plus large. Un ami peut avoir autant d'influence que quelqu'un de la parenté, parfois même davantage. Il faut évaluer chaque situation dans son contexte.

*****
*Un coactionnaire à un autre : « Peux-tu me dire pourquoi la dépense de salaires a augmenté ce mois-ci? Il n'y a eu aucune embauche, il me semble. »*
*L'autre coactionnaire de répondre : « C'est pour ma fille. Elle vient de débuter ses études à l'université et c'est ma façon de l'aider. »*
*...*
*« Te rends-tu compte que l'entreprise nous appartient à parts égales et que je me trouve donc, via l'entreprise, à en payer la moitié? »,*
*lui répond le premier.*
*« Et puis, te rends-tu compte qu'on pourrait avoir des problèmes avec ça? Parles-en au comptable. »*
*****

La malhonnêteté des autres

L'entrepreneur sera probablement le témoin, à un moment ou un autre, d'une situation malhonnête. Il sera probablement la victime, à un moment ou un autre, d'une situation injuste. Lorsqu'un client ne cesse de promettre le paiement de son compte en arrérages, sans vraiment le faire, il faut remettre en question la poursuite de la relation. À la réception de la documentation du syndic, l'entrepreneur pourrait bien se rendre compte que ce client a choisi de payer d'autres fournisseurs avant lui. Aussi, lorsqu'un concurrent offrant des produits de moindre qualité à prix plus élevé obtient un contrat convoité, il y a matière à se questionner. L'entrepreneur peut suspecter un pot-de-vin ou apprendre par la bande qu'un condo en Floride a été prêté pour trois semaines. Malheureusement, ce genre de « cadeaux » qui teintent la nature de certaines transactions d'affaires existe.

*****

*L'inspecteur municipal à l'entrepreneur : « Vous savez, il y a moyen de s'arranger au sujet de l'évaluation foncière à inscrire au rôle. »*

*L'entrepreneur, dans son authenticité, ne comprend pas l'allusion.*

…

*Il a compris, lorsqu'il a reçu son compte d'impôts fonciers. La valeur inscrite est beaucoup plus élevée – trop même – que celle qui avait été discutée.*

*****

Se sentir lésé ou trompé, en particulier lorsqu'on n'a pas le moyen de le prouver, n'est pas évident à gérer. Cela peut miner la confiance ou la motivation d'une personne. La colère ou même le désir de vengeance peuvent faire partie, par moment, des émotions ressenties. C'est normal. Je sais que c'est plus facile à dire qu'à faire, mais je crois qu'il est essentiel, pour le mieux-être de l'entrepreneur, de se trouver des moyens pour passer outre. On doit dépasser ce genre d'émotions pour laisser la place aux pensées créatives. L'impact sur les affaires est déjà suffisant en soi sans y ajouter le fardeau de s'en faire. Lorsque nos pensées sont essentiellement dirigées vers le ressassement de ce qui s'est produit, et l'injustice qui en découle, cela perturbe réflexions et actions. En d'autres termes, lorsqu'il nous est humainement impossible de rectifier une situation problématique, essayons de tourner la page en focalisant sur quelque chose de plus gratifiant. En certaines circonstances, laisser à la vie le soin de réparer une injustice est la seule façon d'avancer.

## Reconnaître les apports

Il m'apparaît utopique de croire qu'une seule et même personne, en l'occurrence l'entrepreneur, mérite tout le crédit du bon fonctionnement d'une entreprise. Il est l'initiateur et le propriétaire. Il gère, décide et

Être Honnête

prend des risques. Je suis d'accord, l'entrepreneur en mène large. Il faut toutefois réaliser qu'il n'est pas le seul agent de la réussite. Plusieurs parties prenantes gravitent autour de lui. Je crois ainsi à la nécessité de reconnaître la contribution de chacun.

Recevoir? Bien sûr; Apprécier? Encore mieux.

Valoriser les forces.

Soutenir et Relever les succès.

Vous me direz que les employés reçoivent un salaire lorsqu'ils travaillent pour l'entreprise. C'est vrai. Je crois toutefois que ce n'est pas une excuse valable pour omettre la reconnaissance des apports de chacun. Les gens aiment se sentir appréciés! Dire merci ou faire un compliment peut ensoleiller la journée d'une autre personne. Il n'est pas nécessaire que ce soit grandiose ou que cela coûte quelque chose, il faut tout simplement que l'intention soit sincère et l'appréciation honnête. Cela ne peut qu'influencer positivement l'ambiance. On oublie facilement de le faire, en particulier dans les périodes occupées, alors que c'est d'autant plus important à ce moment-là. Lorsqu'une pénurie d'employés spécialisés se pointe, l'entreprise ayant valorisé son personnel en sera moins affectée.

*****

*« Je viens de parler avec le fournisseur qui me trouvait chanceux d'avoir une employée comme toi à l'entrepôt.*

*Il te trouve très efficace et toujours de bonne humeur.*

*Beau travail! »*

*****

Il est fréquent de constater que la mise en place d'idées émises par les employés améliore les choses. Que ce soit dans la façon de cumuler l'information sur la clientèle, dans la manière d'organiser l'horaire de travail ou dans la fabrication proprement dite d'un produit, toute idée peut être utile à divers degrés. Une attitude honnête requiert la reconnaissance de l'apport reçu en fonction de l'ampleur des avantages qui en découlent. Un simple bravo peut suffire en plusieurs circonstances. Il en va autrement lorsqu'un nouveau médicament vient de voir le jour, par exemple. Certes, l'employé le fait au nom de celui qui le paie pour effectuer cette tâche. Toutefois, bien que les fruits de la découverte reviennent à l'entreprise, je crois qu'une reconnaissance de la source des idées devrait être établie.

*****

*Elle est partie de rien sauf l'idée de développer  
un logiciel de création pour l'industrie du cinéma.*

*Cela a fonctionné, bien au-delà de ses espérances.*

*Plus de douze employés travaillent maintenant avec elle à temps plein.*

*Elle décide de vendre l'entreprise.*

*Elle remet une partie du profit de la vente aux employés.*

*« Sans eux, je ne serais pas rendue là. »*

*****

Je crois qu'il ne faut pas tenir pour acquis que l'implication ou l'engagement de l'employé va de soi. Le salaire qu'il reçoit pour le travail effectué est un facteur intrinsèque, mais il n'est pas le seul. Se sentir valorisé dans son milieu de travail, être apprécié pour ses idées et avoir la possibilité de contribuer à l'essor de l'entreprise comptent. Un entrepreneur responsable réalise qu'un employé engagé travaille plus et mieux. Lorsque les salaires sont à peu près les mêmes, peu importe l'endroit, c'est l'environnement de travail qui fait la différence.

*****

*Ils ont réussi! Ils ont terminé le contrat juste à temps!*

*Tout un chacun y a contribué. Ils savent que cela va propulser l'entreprise.*

*Une petite fête est organisée.*

*Le temps d'un repas où l'entrepreneur s'est mis au barbecue!*

*****

Dans cette même perspective, nombre d'entreprises font régulièrement preuve de reconnaissance envers leur clientèle. Ils offrent, par exemple, des soirées VIP (*very important person*) ou procèdent à l'envoi régulier d'infolettres. On peut faire de même envers les fournisseurs. Un restaurateur, par exemple, peut souligner d'une manière particulière les produits régionaux qui composent son menu.

La propriété des autres

Que ce soit matériel ou intellectuel, ce qui appartient aux autres ne nous appartient pas. Il y a une ligne de démarcation à respecter. L'entrepreneur qui se retrouve en possession de biens appartenant à autrui doit s'en occuper comme s'il s'agissait des siens propres. Il doit pouvoir les remettre à leur propriétaire dans le même état. Lorsqu'il s'inspire des idées d'un article de journal ou qu'il utilise un extrait

Être Honnête

de volume, le psychologue, par exemple, doit s'assurer de citer la référence en bonne et due forme.

*****

> *Dans la livraison qu'elle vient de recevoir,*
> *il y a un rouleau de prélart de trop.*
>
> *Elle téléphone immédiatement au livreur pour l'en informer.*
>
> *Le livreur, fort soulagé, explique qu'il aurait eu à payer de sa poche*
> *la valeur du rouleau égaré.*

*****

Dans le respect de ce qui appartient à chacun, l'entrepreneur doit naturellement s'assurer qu'il prend les moyens nécessaires pour protéger ce qu'il crée. Les marques de commerce, les brevets, les droits d'auteur et les dessins industriels doivent être officiellement enregistrés, dès qu'il est possible de le faire, par étapes s'il le faut. Je suggère d'ailleurs à l'entrepreneur de faire preuve de discrétion lorsqu'il s'agit d'éléments clés à l'entreprise. Il ne me paraît pas toujours nécessaire d'annoncer quels sont les projets en cours de développement. Attendons plutôt le bon moment. Les idées sont précieuses et, malheureusement, facilement copiées. Il faut protéger ses actifs.

> Lorsqu'on désire que les choses restent secrètes,
>
> le meilleur moyen est de ne pas en parler.

En déférence au thème Être Honnête, j'aimerais partager la réflexion suivante avec vous. L'honnêteté est une attitude qui devrait être profondément ancrée en nous. Lorsque cela fait partie de ses convictions profondes, l'entrepreneur valorise les relations honnêtes et intègres. Cela facilite la résolution des questions d'argent et d'intérêts. Tout semble alors plus juste, dans l'harmonie des relations et des communications.

> Que dois-je dire? Tout simplement la vérité!
>
> C'est tellement moins compliqué.

Éloignez-vous des situations malhonnêtes et des gens qui en vivent, pour votre mieux-être. Cherchez plutôt à construire une image propre de votre entreprise. C'est certainement plus gratifiant.

> L'honnêteté paie, dans tous les sens du mot.

# ÊTRE CONSÉQUENT

*« C'est parfois important, parfois immédiat et parfois visible. Chose certaine, nos paroles et nos gestes ont un impact. »*

# ÊTRE CONSÉQUENT

Le quatrième thème de ce volume concerne l'enchaînement des événements, c'est-à-dire la considération de la logique des actions posées et de leurs conséquences dans l'environnement. Être Conséquent signifie faire preuve d'esprit de suite dans les paroles et les gestes, en conformité avec nos principes profonds. Je désire discuter des attitudes que je considère comme nécessaires au fonctionnement réussi d'une entreprise.

## Établir l'objectif

C'est le point de départ. Vers quoi se dirige-t-on? Que désire-t-on réaliser? Prendre le temps d'exprimer clairement ses objectifs est une stratégie gagnante. C'est simple et évident, mais trop souvent oublié. Lorsqu'une entreprise décide de focaliser sur la qualité des produits, par exemple, toute décision doit en tenir compte. Lorsqu'elle cherchera à réduire ses coûts de production, ce ne sera vraisemblablement pas dans le choix des intrants ni au niveau du contrôle de la qualité. On pensera plutôt à revoir l'emballage du produit ou à faire imprimer les instructions sur une page plutôt que deux. Compte tenu de la mission et de la stratégie de mise en marché élaborée, on se demandera ce qui a de la valeur pour le client; ce qui compte pour lui. Il devient alors plus facile de réduire ou d'éliminer ce qui n'ajoute aucune valeur.

Alignons stratégie et exécution.

## Le point de mire

Il n'est pas rare de constater le manque de direction d'un projet, d'un travail ou d'une tâche. On part parfois d'une bonne intention qui s'oublie avec le temps. Que voulait-on faire? ou encore, Que voulons-nous atteindre? Mal définir l'utilité d'une tâche ou déraper sur des aspects connexes en cours de route est fréquent. Personnellement, je prends le temps d'identifier clairement l'objectif. Je le garde à portée de la main, bien en évidence, et je le relie régulièrement. Cela favorise la concentration des efforts.

*****

*« Je travaille depuis deux jours sur les informations concernant ce projet et je n'ai pas avancé. Je n'arrive pas à trouver les mots exacts pour expliquer*

© Attitudes d'Entrepreneur

*la nature du projet et je dois présenter un compte rendu demain! »*

*« Qu'est-ce qu'on t'a demandé de faire? »*

*« On m'a demandé de cumuler les coûts encourus et de les expliquer brièvement. »*

*« Présente l'information en deux colonnes : à gauche le montant encouru (coût); à droite l'explication.*

*Pour le moment, ne perds pas de temps à trouver les mots qui expliquent la nature du projet. »*

\*\*\*\*\*

Quelle que soit l'ampleur d'un travail ou d'un projet, bien établir le but dirige les efforts dans le sens voulu. Une entreprise peut décréter, par exemple, « Vouloir préserver l'environnement ». C'est louable, mais difficile à concrétiser comme tel. Par contre, « Vouloir diminuer la consommation de papier non recyclable. » est un objectif plus concret qui facilite sa mise en œuvre. Cet objectif sera effectivement plus facile à mesurer et apprécier. En d'autres termes, il faut éviter l'énonciation d'objectifs exprimés en termes généraux ou ambigus, ou du moins, il faut les préciser plus loin.

Intention → Objectif clair → Actions concrètes

L'entrepreneur qui désire amener son monde à travailler dans le sens voulu doit s'assurer d'énoncer clairement ce qu'il désire. Un objectif spécifique appelle la mobilisation vers le but fixé. Personnellement, j'énonce objectif et tâches en débutant mes phrases par un verbe d'action. Cela permet d'établir plus exactement ce qu'il faut faire. Je précise Quoi? et Comment? Je complète ensuite avec Qui? et Quand? et parfois, avec Où?

Dans sa liberté d'action, l'entrepreneur doit constamment faire des choix. Comme les autres êtres humains, il y a une limite à ce qu'il peut entreprendre. Il peut envisager plus d'un projet, mais les mener tous en même temps? L'entrepreneur doit assurément tenir compte des ressources à sa disposition (humaines, financières, matérielles) et de sa capacité à répartir son énergie entre plusieurs choses. Il doit choisir quelles sont les actions qu'il compte entreprendre. Par quel bout commencer? Je lui suggère tout simplement de prendre le temps de déterminer quelles sont les priorités. Qu'est-ce qui est important? et Pourquoi?

En faire moins, mais mieux,

et se rendre jusqu'au bout.

Être Conséquent

*****

*« J'ai besoin qu'on me dise par quoi commencer.*

*Tu me demandes de réaménager l'entrepôt pour qu'on puisse mieux y circuler. On me demande aussi d'effectuer une recherche pour trouver une meilleure façon de disposer des déchets dangereux. Je dois de plus apprendre à me servir du nouveau logiciel de gestion des stocks.*

*Par quoi veux-tu que je commence? »*

*****

Comme discuté dans la partie Être Conscient, l'entrepreneur doit déterminer la raison d'être de son entreprise : sa mission. Les valeurs qui lui sont chères faisant partie intégrante de ce qu'il désire réaliser. Elles teintent son comportement et celui de son entourage. Un entrepreneur qui désire faire connaître les différentes rillettes et terrines qu'il prépare verra à ce que les employés prennent le temps de les présenter aux clients. Il pourrait aussi préparer de courts feuillets explicatifs sur les différents produits offerts. Éduquer le client ou Faire vivre une expérience gastronomique fera partie de ses objectifs d'affaires.

Mission et Valeurs → Objectifs → Comportement

*****

*Ils annoncent que le nettoyage des bijoux est gratuit.*

*Il l'est.*

*Néanmoins, lorsqu'un client le demande, la réaction des employés n'est pas très accueillante. Ils n'aiment pas rendre ce service-là et ça paraît.*

*Les clients se sentent donc mal à l'aise de le demander; plusieurs s'en abstiennent.*

*****


Le code de conduite

L'entrepreneur doit voir à ce qu'il demande ou ce qu'il désire se rend jusqu'aux personnes concernées. Cela peut se faire verbalement, mais on peut aussi préciser et consigner au même endroit les principes qui guideront le personnel. Un code de conduite formule les comportements attendus de tout un chacun, pour le maintien d'un milieu de travail respectueux et harmonieux. Le but d'un tel code, qui tient sur une à trois pages, est de sensibiliser aux valeurs et pratiques commerciales véhiculées par l'entreprise. Car après tout, l'employé représente régulièrement l'employeur face aux parties prenantes.

© Attitudes d'Entrepreneur

*****

*J'en conclus qu'il conduit son camion dangereusement.*

*Il roule vite, zigzague d'une voie à l'autre, puis effectue ses arrêts à la toute dernière minute.*

*Je remarque le nom de l'entreprise bien en évidence sur la boîte du camion.*

*****

L'entrepreneur, qui désire être entendu et respecté, inclura les aspects qui lui tiennent à cœur dans le code de conduite. Il pourra, par exemple, aborder l'interaction avec les autres, la confidentialité des informations, les conflits d'intérêts, le harcèlement, etc. Il peut d'ailleurs y ajouter des exemples concrets à titre d'illustration.

*****

*Exemples de consignes pouvant figurer dans un code de conduite :*

*– « Les biens de l'entreprise ne doivent servir qu'à des fins d'affaires légitimes. »*

*– « Les gens représentant l'entreprise ne peuvent accepter des présents ou des gratifications qui pourraient être perçus comme une tentative d'influencer de manière inappropriée le jugement de la personne qui les reçoit. »*

*– « Les employés doivent constamment s'assurer de protéger adéquatement tout document (papier et électronique) contenant de l'information confidentielle. »*

*****

## Agir en fonction du discours

La cohérence entre ce qui est dit ou annoncé et les actions entreprises devrait aller de soi. Cela me paraît fondamental. Ce n'est toutefois pas toujours ce qui se passe dans la réalité où l'on constate un peu trop fréquemment que le lien entre le discours et le geste ne concorde pas vraiment. En certaines circonstances, on peut même en venir à penser que l'insistance à répéter les mêmes choses peut tout simplement servir à cacher la vérité, à savoir que ce qui est dit n'est pas vrai du tout. Un entrepreneur qui désire établir sa crédibilité va s'assurer de la logique de ce qui se fait chez lui. Personnellement, les actions m'importent davantage que les paroles.

*****

*« Venez me voir n'importe quand. Vous êtes toujours les bienvenus. Ma porte est grande ouverte. »*

( Être Conséquent )

*Dans la réalité, les gens qui demandent à le voir se font dire qu'il est très occupé ou qu'il est en réunion et qu'il va les rappeler. Il le fait rarement.*

*Dans les faits, la porte de son bureau est matériellement toujours fermée.*

\*\*\*\*\*

Lorsque le geste et la parole ne concordent pas, la situation peut devenir confuse. Les intentions de l'un et les attentes de l'autre n'étant jamais véritablement comblées. L'un peut se plaindre que personne ne vient le voir pendant que l'autre se plaint de l'inaccessibilité du premier. Annoncer peut créer des expectatives, des joies ou des déceptions potentielles. Il ne me paraît pas nécessaire de promettre des choses qu'on ne fera pas, intentionnellement du moins. Privilégions l'harmonie du message.

\*\*\*\*\*

*Un client visite sa boutique. Elle lui mentionne qu'elle va bientôt élargir la gamme de produits biologiques offerts.*

*Un an plus tard, le client constate que les choses n'ont pas changé.*

*Même présentoir, mêmes produits.*

*Elle énonce encore le même message.*

\*\*\*\*\*

Le geste posé – ou l'abstention d'en poser – véhicule un message. Annoncer ses intentions face à un projet de loi, par exemple, ou accepter la pose d'une pancarte publicisant la tenue d'un souper-bénéfice pour une œuvre de charité, annonce les couleurs de l'entrepreneur. Refuser de faire partie du groupe de commerçants de son quartier aussi. En certaines circonstances, garder le silence est significatif. Certes, on ne peut pas bouger en se demandant toujours ce que les autres vont en déduire. On peut toutefois, par des gestes réfléchis, s'assurer de minimiser les divergences potentielles entre l'intention, le geste et le message.

Le choix des actions

Autant que faire se peut, il faut s'assurer de l'adéquation entre l'objectif et les actions que l'on désire entreprendre pour atteindre cet objectif. Si l'on fait ceci, est-ce qu'on contribue à réaliser cela? Prenons un exemple simple. Lorsqu'une employée se plaint qu'il fait trop chaud dans la pièce où elle travaille, lui demander de changer d'endroit ne me paraît pas la meilleure chose à faire, du moins à moyen terme. On doit tout d'abord faire la liste des moyens disponibles, dans la réalisation directe de l'objectif établi qui est de « réduire la chaleur dans la pièce ». On peut alors envisager diverses solutions, tel que faire tester le fonctionnement du thermostat ou se procurer un ventilateur. On choisira ensuite le moyen le plus adéquat, compte tenu des circonstances et des contraintes. Tout problème à résoudre mérite une réflexion structurée, ne serait-ce que mentalement. L'importance de la question à régler faisant varier l'intensité et la longueur du processus, qui demeure toutefois fondamentalement le même.

*****

*« Je viens de me rendre compte que la réserve de fournitures de bureau est au plus bas. Tout le monde vient se servir et je ne suis pas au courant. »*

*« OK. Changeons la clé d'accès du local. »*

…

*« Je viens de me rendre compte que la réserve de fournitures de bureau est au plus bas. Tout le monde vient se servir et je ne suis pas au courant. »*

*« On a changé la clé pourtant. »*

*« Oui, mais cette clé est gardée au même endroit qu'avant, dans le premier tiroir du bureau de la réception. Tout le monde y a accès. »*

*****

Choix des actions → Acceptation des conséquences

## Les communications

Lorsqu'un entrepreneur désire communiquer avec les diverses parties prenantes, il doit s'assurer de le faire de la manière appropriée. Est-ce important ? Est-ce urgent ? Est-ce délicat ? Il faut choisir le moyen le mieux adapté aux circonstances. L'envoi d'un courriel ne convient pas pour tout. Lorsqu'il s'agit d'annoncer une bonne – ou une mauvaise – nouvelle, par exemple, certaines circonstances sont mieux servies par un rendez-vous téléphonique ou une rencontre en personne. Il est alors plus facile d'expliquer ses idées, dans une interaction immédiate et naturelle.

*****

*Elle exerce ses activités depuis cinq ans dans un local loué dans un centre commercial.*

*Elle vient de recevoir une lettre par courrier recommandé.*

*Cette lettre lui vient du propriétaire de l'immeuble qui l'informe de son intention de ne pas renouveler le bail venant à échéance dans 60 jours.*

*Elle ne s'y attendait pas du tout.*

( Être Conséquent )

*Que va-t-elle faire? Où peut-elle se relocaliser en si peu de temps?*

\*\*\*\*\*

Le choix du moyen à utiliser m'apparaît d'autant plus important lorsqu'il s'agit de quelque chose de déplaisant. Annoncer la fin d'une relation est une situation que les gens ont souvent de la difficulté à gérer. Ne pas renouveler un contrat de service annuel ou congédier un employé, c'est rarement évident. L'entrepreneur qui considère la conséquence de ses actions va s'assurer de le faire avec respect. Le côté officiel d'une situation peut éventuellement exiger la composition d'un écrit, mais rien n'empêche d'en mitiger verbalement l'impact au préalable. En certaines circonstances, demander un accusé de réception est indispensable.

Action spécifique → Effet précis

Une communication claire et concrète peut éviter bien des mésententes. Tarder à faire ce qui sera pourtant nécessaire ou laisser l'ambiguïté d'une situation stagner est rarement heureux. Certes, il faut parfois se laisser du temps pour composer une lettre délicate ou mûrir une décision. Prendre le temps de réfléchir sur le contenu d'une communication est une chose, faire perdurer inutilement l'attente en est une autre. Il arrive parfois que l'étape de commencer quelque chose soit la plus difficile à faire.

\*\*\*\*\*

*On lui demande de présenter une offre de règlement.*

*Il avait promis de répondre pour lundi, le 10. Il ne le fait pas.*

*Le 12, on lui rappelle qu'une offre est attendue.*
*Il demande un délai, jusqu'au 14.*

*Lundi, le 17, il n'a toujours pas fait d'offre.*

*L'autre partie, fatiguée d'attendre, mais surtout de se faire promettre quelque chose qui n'arrive pas, amorce des procédures juridiques officielles.*

\*\*\*\*\*

Un mot concernant le choix du véhicule publicitaire. Il sert à faire valoir les biens et services offerts, en conformité avec les valeurs de l'entreprise. Le contenu accessoire doit demeurer le plus neutre possible, sans jugement de valeur. Lorsqu'il annonce ses produits, un entrepreneur peut, par mégarde, écorcher la sensibilité de certaines personnes. Dire, par exemple, « Pour ceux qui font attention à leur santé, j'offre… » peut déranger les personnes qui ne veulent pas de ce produit. Est-ce à dire qu'elles ne font pas attention à leur santé? Il faudrait peut-être plutôt, dans la liste des avantages au produit, faire état de ses bienfaits sur la santé. Je le répète, ce n'est pas facile, et, jusqu'à un certain point, on pourrait dire qu'il y aura toujours quelqu'un qui pourrait être dérangé par le contenu d'une publicité. Mon but est de sensibiliser l'entrepreneur aux conséquences collatérales de ses messages.

Il y a de meilleures façons de dire les choses que d'autres.

**Remonter à la source**

Dans le va-et-vient constant de l'exploitation d'une entreprise, on ne prend pas toujours le temps de s'arrêter pour identifier adéquatement la cause d'un quelconque problème. On peut s'apercevoir que quelque chose ne va pas, mais déterminer « pourquoi » il en est ainsi n'est parfois pas si évident. Il faut essentiellement chercher à faire ressortir la relation de cause à effet. Quel est le rapport d'une chose à une autre? Est-ce que le mouvement de l'un entraîne un mouvement chez l'autre? Quel est l'impact? En fait, il faut s'assurer d'identifier correctement la source d'un problème. Il arrive trop souvent que la cause (ou la source) soit confondue avec les effets qu'elle engendre.

$$\text{Cause} \rightarrow \text{Effet(s)} \rightarrow \text{Problème}$$

*****

*« C'est le troisième étudiant qui quitte l'emploi en trois mois! Nous les formons, puis ils s'en vont juste au moment où ils deviennent pleinement autonomes. Que fait-on? »*

*« On n'embauche plus jamais d'étudiants! »*

...

*****

Avant de s'interroger sur les moyens à sa disposition pour régler un problème, l'entrepreneur doit s'assurer qu'il a bien précisé la nature de ce problème. Ne plus embaucher d'étudiants, par exemple, n'est peut-être pas la meilleure solution. C'est peut-être la première chose qui vient à l'esprit quand on regarde la situation. Les trois employés ayant quitté l'emploi sont tous, effectivement, des étudiants. Il faut toutefois aller au-delà de l'apparence première. Tant qu'on ne sait pas exactement « pourquoi » les étudiants ne restent pas à l'emploi, il est difficile de statuer sur la nature du problème. Qu'est-ce qui cause leur départ? Qu'est-ce qui ne va pas?

Il est indispensable d'identifier correctement la source d'un problème afin de pouvoir le régler adéquatement.

Être Conséquent

*****
> « C'est le troisième étudiant qui quitte l'emploi en trois mois! Que fait-on? »
>
> « Est-ce que tu sais pourquoi ils quittent? »
>
> « Justement, j'ai eu le temps de poser cette question au dernier avant qu'il parte. Il m'a dit que cela lui était difficile de composer avec des heures coupées, dans un horaire variable annoncé à la toute dernière minute. »

*****

Essayer de remonter à la source d'un problème peut souvent éviter une réaction trop rapide. Ici, le problème ne semble pas être le fait que ce soit des étudiants, mais plutôt que l'établissement de l'horaire de travail pose des difficultés à l'employé. Si l'entreprise cesse d'embaucher des étudiants, est-ce que tout est réglé? Pas nécessairement. Un employé qui n'est pas étudiant pourrait quitter l'entreprise pour la même raison. Le fait de cibler adéquatement la problématique permet donc l'identification plus précise des solutions envisageables. Il n'est pas toujours possible de tout arranger, mais on augmente ses chances d'y arriver en ciblant plus précisément ce qui ne va pas.

**Planifier l'essentiel**

L'entrepreneur est une personne qui voit au-delà de l'instant présent. Il fait des plans. Il détermine ses objectifs, puis les moyens pour les atteindre, en s'assurant de détenir les ressources nécessaires à leur réalisation. Certains objectifs concernent les opérations de nature courante, telle la planification des achats du lundi matin. D'autres objectifs sont de nature sporadique, telle la planification de la mise en œuvre d'un nouveau processus ou l'offre d'un nouveau service. Quel que soit l'objectif établi, cela requiert une certaine réflexion quant à l'organisation de sa réalisation. C'est parfois rapidement fait, par la pensée seulement, lorsque la situation est simple ou récurrente. Il est toutefois préférable de le faire par écrit dès que la situation requiert la considération d'un certain nombre d'éléments ou lorsque la situation est nouvelle ou unique. D'ailleurs, un document se partage mieux entre les parties impliquées.

Je considère qu'il faut à tout le moins se questionner au sujet des ressources : humaines, financières et matérielles. Quelles sont les ressources humaines nécessaires? Il faut s'assurer de pouvoir compter sur l'expertise appropriée, de l'interne ou de l'externe. Faut-il embaucher de nouveaux employés? La pénurie de personnel expérimenté peut complexifier le recrutement, par exemple. A-t-on les ressources financières nécessaires? Il faut de l'argent pour mettre en place de nouvelles idées. Quels sont les besoins en liquidités? Il faudra songer au mode de financement. Dispose-t-on des ressources matérielles ou techniques nécessaires? Il faut pouvoir obtenir le matériel et bénéficier des outils et des machines en temps et lieu. A-t-on besoin d'espace supplémentaire? Il y a peut-être du réaménagement à faire. Tout au long de ce processus de questionnement, la dimension temps est une notion fondamentale.

\*\*\*\*\*

*Il désire offrir un nouveau service au printemps :
la plantation et la transplantation d'arbres matures.*

*La clientèle sera au rendez-vous.
Il s'est déjà assuré de la rentabilité de son projet.*

*L'acquisition d'une machine spécialisée pour cette tâche est prévue.*

*Après étude, il détermine celle qui répond le plus à ses besoins.*

*Elle coûte 200 000 $... Il faut examiner les possibilités de financement :
louer du fournisseur ou acheter via un emprunt.*

*Le délai de livraison est de trois mois...
Il faut prévoir son acquisition dès janvier.*

*C'est une machine spécialisée...Il faut offrir de la formation à l'employé
actuel ou embaucher quelqu'un d'expérimenté.*

*Son objectif? Tout mettre en place pour le début mai.*

\*\*\*\*\*


Le plan de mise en œuvre

Lorsqu'il s'agit de planifier – et aussi de calculer –, certaines personnes se sentent d'emblée inconfortables. Avoir l'idée d'offrir un nouveau service est une chose, pour eux, très agréable. Cela s'inscrit directement dans leur passion première. Certaines personnes se sentent par contre démunies avec l'aspect financier de la mise en place d'un projet. D'une part, et j'insiste sur ce point, la gestion de base n'est pas si compliquée. Le bon sens prime. Je recommande d'ailleurs à tout entrepreneur d'acquérir un minimum de connaissances sur la tenue des comptes, question de comprendre ce qui se passe. D'autre part, il est toujours possible d'obtenir de l'aide extérieure compétente qui validera le projet. Un comptable peut faire ressortir les différences fiscales entre louer ou acheter la machine, par exemple.

\*\*\*\*\*

*« Je ne vais sûrement pas payer d'impôt cette année...*

Être Conséquent

*Je viens d'acheter une machine à 200 000 $. »*

*« Ce n'est pas une dépense déductible à 100 %. »*

*« Ah non? Je l'ai payée cette année pourtant. »*

*« Oui, mais comme elle va servir pendant plusieurs années, elle sera déduite sur plusieurs années. »*

*« Je ne le savais pas, et je n'ai pas mis d'argent de côté pour payer mes impôts! »*

*\*\*\*\*\**

Il m'apparaît fort utile et indispensable de séparer tout projet en ses principales étapes. Que fait-on en premier, puis ensuite? Doit-on faire ceci avant cela ou cela avant ceci? Il faut déterminer l'ordonnancement des actions à entreprendre. Il m'apparaît sensé, par exemple, de s'assurer de pouvoir disposer des fonds appropriés avant de commander une machine coûtant plus de 200 000 $. Il faudra aussi veiller à ce que la machine soit livrée avant le début de la saison pour que l'employé-opérateur ait le temps de l'apprivoiser. Une démarche réfléchie requiert aussi la considération d'imprévus potentiels. Il se pourrait bien, par exemple, que des frais supplémentaires s'ajoutent au montant initialement prévu. En outre, lorsque tout est planifié au jour près, sans marge de manœuvre, un simple retard bouscule toute l'organisation. Si cela ne fonctionne pas comme prévu, que fera-t-on?

Séparer l'ensemble d'un projet en ses parties facilite sa réalisation. Et, avantage non négligeable, c'est plus stimulant de pouvoir visualiser le progrès effectué.

J'aimerais suggérer la mise en place de moyens simples. Un tableau de quelques colonnes, ou plan de mise en œuvre, peut facilement contenir l'essentiel d'un projet. Quoi? Quand? Qui? Combien? constituent les en-têtes habituels de ce tableau facile à remplir. La colonne Quand, par exemple, permet la prise en compte rapide de l'échéancier. À quel moment passer la publicité qui annonce le nouveau service offert? La présentation de l'information en fonction des étapes de réalisation est également fort pratique. Les personnes impliquées peuvent alors rapidement jauger ce qui se passe. La création d'un tel outil de planification peut naturellement être bonifiée pour contenir toute information jugée pertinente. L'endroit est un élément particulier au projet? On ajoute alors la colonne Où? L'entrepreneur ci-dessus, qui désire offrir un nouveau service de plantation d'arbres au printemps, pourrait facilement créer un tel tableau. Cet outil soutiendra la réalisation du projet et diminuera le niveau de stress des gens impliqués. Recopier les étapes sur un grand carton placé à la vue de tous où l'on coche au fur et à mesure celles qui sont effectuées est très motivant.

La vraisemblance des choses

Dans la planification de la réalisation de tout projet, effectuer les calculs appropriés est indispensable. La prévision des coûts à encourir, par exemple, doit être effectuée avec le plus de précision possible. L'expression de ces coûts se présente bien souvent sous la forme d'un intervalle, comme suit : « Le budget de publicité se situera entre 5 000 $ et 5 500 $. » Outre la considération des coûts, de nombreux autres aspects d'un projet devraient, à mon avis, être examinés sous l'angle de la logique mathématique. Et, ces calculs sont souvent plus simples qu'on le pense. L'une des choses qui m'apparaissent importantes est de s'assurer du caractère raisonnable de ce qui est prévu. Il est facile d'oublier de le faire lorsqu'on ne parle pas d'argent.

*****

*Ils planifient un spectacle en plein air.*

*Ils attendent environ 6 000 personnes.*

*Il leur est possible de louer 10 guichets d'entrée qui serviront à vérifier électroniquement les billets avant l'entrée des spectateurs sur le site.*

*…*

*6 000 personnes pour 10 guichets, cela signifie 600 personnes par guichet, en moyenne.*

*Possible?*

*Combien de personnes peuvent passer au guichet, disons en une heure?*

*À vérifier…, mais quand on visualise la situation, cela semble impossible!*

*Si chaque personne prend 1 minute, ce qui est très rapide, cela fait seulement 60 personnes à l'heure…*

*Vu de même…*

*Vaudrait mieux avoir plus de guichets ou changer la façon de faire.*

*****

De courts et brefs calculs de vraisemblance peuvent parfois éclairer une situation sous un jour différent. On peut, par exemple, calculer le temps nécessaire aux procédures de mise en marche et de fermeture d'un système. On détermine ainsi, avec davantage de réalisme, le nombre d'heures productives d'une journée normale de travail. Ou encore, le calcul du nombre moyen de boîtes qu'une personne peut démonter dans une journée permet une meilleure planification des

(Être Conséquent)

besoins en personnel lors des périodes de pointe. Est-ce que ce que je m'apprête à faire a du sens? Est-ce possible et réaliste?

Les essais et tests

Indispensable. Plus tôt que trop tard. Avant de mettre sur le marché de nouveaux produits ou de nouveaux services, il faut s'assurer de leur conformité, sous tous points de vue. Premièrement, les normes et lois applicables doivent être respectées, ce qui exige une intention véritable de chercher celles concernées par la situation donnée. La définition de ce qu'est un produit faible en gras, par exemple, est très précise quant au nombre de M.G. (matières grasses) par 100 grammes. L'entreprise qui développe de nouvelles saveurs de yogourt faible en gras doit effectuer les tests nécessaires pour s'assurer qu'elle répond à la norme. Elle doit assurément pouvoir le prouver par le compte rendu de ses observations, rigoureusement documentées. Elle ne peut d'ailleurs pas commercialiser son produit tant que les normes et standards ne sont pas atteints. Deuxièmement, les caractéristiques et données techniques annoncées doivent être véridiques.

*****

*Le nombre de calories indiqué sur l'emballage ne correspond pas à la réalité.*

*Un consommateur averti s'en est plaint, car il avait l'impression que le chiffre était sous-estimé.*

*L'information est devenue publique et l'entreprise fait actuellement l'objet d'une enquête pour la totalité de sa gamme de produits.*

*****

Et troisièmement, il est préférable de chercher à minimiser toute perturbation potentielle. Dans la hâte de terminer un projet, certaines fautes sont régulièrement commises. Que ce soit une malfonction ou une erreur dans le livret d'instructions, il faut veiller à éliminer ce qui ne va pas. Je suggère à l'entrepreneur de se mettre à la place de celui qui consomme le bien ou le service afin de valider le tout. Faire comme si… permet souvent de mettre en évidence des inexactitudes ou des incohérences. Envisager les choses sous un angle différent ou à rebours permet parfois la découverte d'éléments auxquels on n'avait pas pensé. Il est plus facile – et généralement moins coûteux – d'effectuer les correctifs avant la mise en marché que de corriger le tir une fois que le produit est lancé ou le service annoncé.

La perfection est rare,

quoique tests et essais permettent de s'y approcher.

*****
*Bonne nouvelle, le site Web est prêt!*
*Avant de le mettre en ligne, regardons si tout fonctionne correctement.*
*Essayons d'agir comme si nous étions un visiteur.*
*Est-ce que tout se déroule bien?*
*…*

*« Je viens d'acheter l'un de nos produits et je crois avoir trouvé une petite erreur. Une fois l'achat confirmé, le site de paiement en ligne demande si l'on désire retourner sur le site du marchand. J'ai cliqué sur le bouton, mais rien ne s'est passé. Il faudrait vérifier le fonctionnement du lien. »*
*****

L'attribution de la responsabilité

L'entrepreneur est le premier responsable de son entreprise. Il établit les objectifs ou du moins approuve ceux élaborés par son équipe. Il chapeaute ce qui se passe. Nous admettrons facilement que l'entrepreneur ne peut tout faire et qu'il doit ainsi attribuer une partie de ses responsabilités à d'autres. De nombreuses tâches de nature courante sont ainsi déléguées au personnel en place. Chacun devrait être au courant de sa contribution au bon fonctionnement de l'entreprise.

*****
*« Qui s'occupe de remettre en ordre le mobilier de la salle d'accueil? »*
*« Celui qui est disponible à la fin de la journée. »*
*« Personne n'avait le temps hier? »*
*****

Lorsqu'on pense à la réalisation d'objectifs particuliers, nommer un « champion-responsable » est une pratique recommandée. À la demande de l'entrepreneur, ce champion est celui qui prend en charge le déroulement d'un projet. Il détermine les ressources nécessaires, établit le calendrier, puis s'assure de la collaboration des personnes impliquées. Le champion est celui que l'on consulte lorsqu'une question se pose; il est le lien entre le projet et l'entrepreneur. Le plus efficace des champions est celui qui est naturellement convaincu du bien-fondé de ce qui lui est demandé.

L'attribution de la responsabilité présente l'avantage certain de savoir à qui tout un chacun peut se référer. Cela facilite également toute évaluation du rendement obtenu. Il est d'usage – et fort logique de surcroît – d'évaluer une personne en fonction de ce qu'elle contrôle. Quelles sont ses responsabilités? Avait-elle réellement la possibilité d'agir sur les actions entreprises? Qui viendra expliquer l'atteinte – ou non – des objectifs initiaux?

### Envisager les conséquences

Il faut comprendre que toute action, quelle que soit sa forme, entraîne une réaction. Agir fait bouger les choses. La prise de décision d'un entrepreneur enclenche automatiquement une série d'événements. Un plombier, par exemple, peut cesser de servir le secteur résidentiel afin de se concentrer sur le secteur commercial. L'entrepreneur crée alors un impact dès qu'il publicise la nouvelle orientation de son entreprise. La composition de la clientèle va changer; de nouveaux clients se pointeront; certains disparaîtront. Il n'est certainement pas possible d'anticiper avec certitude l'ampleur des réactions provoquées ni l'enchaînement des événements qui s'ensuivront. Qu'elles soient directes ou indirectes, il faut s'attendre à ce qu'il y ait des conséquences.

$$\text{Action} \rightarrow \text{Réaction}$$

Dans son processus décisionnel, l'entrepreneur doit donc s'assurer d'examiner la situation de manière à envisager les implications de ce qu'il s'apprête à faire. Il essaiera de se préparer aux effets positifs et de pourvoir aux effets négatifs pouvant survenir. Le plombier, par exemple, devrait à tout le moins s'assurer que l'opportunité de développer la clientèle commerciale est viable. Il doit également mesurer l'impact sur sa clientèle résidentielle actuelle. Malgré toute sa bonne volonté et son désir de bien faire, il pourrait éventuellement constater que les conséquences de ses actions sont différentes de ce qu'il avait prévu. Elles peuvent être meilleures; elles peuvent être moins bonnes.

*****

*Quel accueil!*
*Il ne pensait pas que son nouveau produit susciterait autant d'intérêt.*
*Et, encore mieux, cela attire l'attention sur les autres produits.*
*Il doit réagir vite s'il veut répondre rapidement à cette demande imprévue.*

*****

*****

*Elle est la propriétaire d'un dépanneur dans une petite ville.*

*Avec le temps, elle en est venue à accorder du crédit à ses clients.*

*Elle cumule dans un petit carnet les sommes qui lui sont dues.*

*Les clients paient habituellement ce qu'ils doivent au début du mois suivant.*

*Elle trouve cette pratique un peu lourde, car elle doit entre-temps recourir à une marge de crédit qui augmente un peu plus chaque mois.*

*Elle décide d'arrêter cette pratique.*

*…*

*Plus de la moitié des clients qui bénéficiaient de cette facilité de crédit ne sont jamais revenus.*

\*\*\*\*\*

Je crois personnellement que les paroles prononcées et les gestes posés doivent à tout le moins partir d'une bonne intention. Ils doivent découler d'une volonté de bien faire ou d'améliorer les choses. Lorsqu'il décide de focaliser son travail sur un type de clientèle en particulier, le plombier désire faire ce qui est le mieux pour son entreprise. Le faire pour lui – et non pas contre quelqu'un d'autre – m'apparaît l'attitude à adopter, pour son mieux-être. Certes, cela n'exclut pas le fait que des conséquences inattendues puissent survenir, mais celles-ci seront plus faciles à porter.

\*\*\*\*\*

*Action : L'immeuble mitoyen au sien vient d'être vendu à quelqu'un d'autre.*

*Réaction : Il est furieux! Il convoitait cet immeuble depuis longtemps.*

*Action? Poser des poteaux, ainsi qu'une grande clôture, afin de démontrer que le terrain de stationnement lui appartient exclusivement, ce qui est d'ailleurs le cas.*

*Le nouveau commerce qui s'installe à côté sera donc obligé de demander à ses clients de stationner autre part.*

*Réaction? Plusieurs clients se demandent ce qui se passe et cherchent à connaître l'histoire.*

*Il faut être conscient qu'une action qui prend sa source dans les émotions, négatives de surcroît, peut être inappropriée. Une fois le geste posé, il est difficile de revenir en arrière.*

*Il faut assumer sa part de responsabilité dans l'affaire. Les intentions d'achat n'ont peut-être pas été clairement énoncées. Le vendeur est libre de vendre à qui il veut.*

( Être Conséquent )

*Par souci d'honnêteté, il faut admettre que la faute ne revient pas à l'acheteur, ce nouveau propriétaire qui est maintenant son voisin.*

*Il y a des conséquences aux gestes posés.*

*Que penseront les clients de cet acte qu'on pourrait juger comme étant plutôt agressif?*

*Que feront les clients qui désirent visiter les deux commerces en même temps?*

*Qui assumera dorénavant – à lui seul, il va sans dire – les coûts du déneigement?*

*Etc.*

\*\*\*\*\*

Les situations désagréables

Les événements survenant dans le cours normal de l'exploitation d'une entreprise ne sont pas toujours agréables. Des désaccords, ruptures de contrat ou problématiques diverses peuvent survenir. L'un peut dire que la machine s'est abîmée pendant le transport, ce qui la rend très difficile à ajuster. L'autre peut tout simplement dire que le problème d'ajustement résulte de l'incompétence de l'utilisateur. Qui a raison? Dans ces circonstances, je suggère de faire preuve de discernement en essayant, autant que possible, de rester neutre et objectif. Cela doit teinter toute communication, sous quelque forme que ce soit. Laisser sa colère transparaître dans un courriel ou faire des menaces au téléphone n'est pas une très bonne idée. Il y a de fortes chances que cela provoque une réaction, probablement pas très agréable, chez l'autre partie.

\*\*\*\*\*

*« Je viens de recevoir ta lettre d'avocat. Tu n'es qu'un...*

*Je vais te prouver que t'as tort et je vais te traîner en cour.*

*Je ne te paierai jamais! »*

\*\*\*\*\*

Lorsque les deux parties réagissent dans leurs émotions, c'est rarement heureux. Les esprits s'échauffent, l'orgueil en prend un coup, et chacun désire absolument avoir gain de cause. Quand l'argent fait partie des conséquences de l'admission d'une quelconque responsabilité de l'un ou de l'autre, la situation peut rapidement s'envenimer. Le savoir ne résout pas tout. On peut néanmoins chercher à minimiser l'escalade de la problématique, ou encore, éviter de fermer définitivement la porte à un règlement à l'amiable. La paix de l'esprit ou le conflit? Se rendre jusqu'à la cour de justice n'est pas si simple. Les démarches sont parfois longues, coûteuses et exigeantes. Avant de procéder comme tel, essayons d'abord d'utiliser d'autres moyens. L'entrepreneur devra peut-être se rendre jusque-là, dans la protection de son entreprise, mais il le fera par étapes, dans une démarche intègre. Les gens ont parfois besoin de temps pour assimiler l'état d'une situation.

*****

*Il raconte à tout un chacun ses déboires juridiques.*

*Il ne se gêne pas pour tout raconter sur Facebook.*

*Dans le règlement du dossier, ses paroles ont été retenues contre lui.*

*****

Je désire conseiller la retenue dans les paroles et les gestes, particulièrement dans les situations litigieuses. On ne peut pas tout rendre public. Divulguer les détails d'une problématique avant sa résolution est déconseillé. Prendre les autres à partie peut sembler faire du bien, mais crée souvent des malaises ou des inquiétudes. Choisissons, avec circonspection, à qui l'on se confie. Il faut également se garder de faire le procès d'une personne hors cour. Qui sait comment tout cela finira? On ne peut pas faire n'importe quoi. Il y a des règles à suivre, par exemple, si l'on désire évincer un locataire qui ne paie pas son loyer. Je comprends qu'il peut être frustrant de ne pas arriver à faire bouger les choses aussi vites qu'on le voudrait. Il faut toutefois comprendre que l'expression de cette frustration peut nourrir la problématique en cause et desservir l'objectif. Lorsqu'une situation provoque des émotions qui vous bouleversent, je vous suggère l'adjonction de quelqu'un de neutre et de compétent au dossier.

*****

*Avec l'aide d'un médiateur, ils ont réglé hors cour.*

*Peu de personnes sont au courant de ce litige, et c'est tant mieux.*

*Moins de personnes qui le savent, moins de gens qui en parlent.*

*Passons à autre chose.*

*****

Je suis parfois surprise de constater que des gens agissent en pensant que tout va s'arranger, sans remous. Ils sont certains, par exemple, que leurs explications (verbales ou écrites) vont faire comprendre le bon sens à l'autre partie. Je vous le souhaite, et vous pouvez certes essayer, mais cela ne réussit pas si souvent. C'est la réalité. Un sous-traitant avec qui l'on fait affaire depuis cinq ans n'acceptera peut-être pas la cessation des relations de bonne grâce. Lorsqu'on envoie une mise en demeure, la réaction de l'autre partie ne sera pas nécessairement celle que l'on espère. En d'autres termes, même si l'entrepreneur fait ce qu'il croit juste, il doit envisager le fait que la réaction de l'autre à ses actions puisse être désagréable. Les parties impliquées n'envisageant pas nécessairement la situation sous le même angle.

L'invisible

Le fait qu'une chose ne soit pas concrète ou visuelle ne signifie pas qu'elle n'existe pas. C'est évident, mais trop souvent oublié. La tendance générale est d'ignorer ce qu'on ne voit pas, ou pire, de passer outre en pensant que personne ne le verra. Dans la considération de sa seule et unique personne, il est facile d'oublier ce genre de conséquence. Enfouissons les déchets dans le bois et personne ne les trouvera! En outre, lorsqu'il n'y a aucun coût direct au comportement, pourquoi en tenir compte? L'entrepreneur qui agit avec conscience se questionnera sur les impacts immédiats et futurs de ses gestes, qu'ils soient visibles ou non, qu'ils soient financiers ou non. Maximiser ce qui est positif et minimiser ce qui est négatif va de soi. Il n'est certes pas possible de penser à tout ou de prendre en charge les conséquences de tout ce qui se passe. On doit à tout le moins essayer de faire sa part. Un peintre, par exemple, doit se débarrasser de ses restants de peinture en bonne et due forme.

*****

*Elle est la propriétaire d'une école de chant.*

*Au début de chaque cours,
elle fait la liste des partitions de musique qu'elle compte utiliser.*

*Elle prête alors les documents originaux à l'un de ses étudiants
qui s'occupe de les faire photocopier pour tous.*

*Il y a, quelque part, un auteur qui reçoit moins de redevances
que celles auxquelles il a droit.*

*Il y a, quelque part, une entreprise qui fera moins de profit
que ce qu'elle devrait.*

*****

L'impact des paroles, pour moi, est un aspect à ne pas sous-estimer. Je vois trop souvent des gens dire un peu n'importe quoi sans se soucier des conséquences. Parler négativement de quelqu'un d'autre, parfois avec des demi-vérités, semble malheureusement fortement répandu. Les paroles s'envolent? Je ne le crois pas. La portée des mots existe. Cela ne paraît pas toujours, et l'on oublie souvent quelle en est la provenance, mais ils ont un impact trop souvent négatif.

La connotation des paroles, parfois subtiles, influence certainement l'opinion des autres. La répétition de la même idée la rend – à tort ou à raison – un peu plus vraie. L'entrepreneur conscient de son environnement fera preuve de discernement dans ses opinions.

*****

*Dénigrer la personne qui exerce un commerce<br>
en face de sa propre entreprise, lui vient facilement.*

*C'est son sujet de plaisanterie préféré.*

*Il se plaît à observer tout ce que son voisin fait.*

*Il ne se gêne pas pour donner son opinion<br>
d'un ton sarcastique ou dépréciateur.*

*Il le fait couramment, devant ses clients, ses fournisseurs,<br>
ses employés, ses amis, etc.*

*Il ne parle pas de la température, il parle de l'entrepreneur d'en face!*

« *As-tu vu la nouvelle pancarte qu'il s'est posée?<br>
As-tu remarqué le ridicule logo? On dirait plutôt...* »

…

« *Est-ce que ton fils s'est trouvé un emploi?* »

« *Pas encore. Il a failli aller voir en face, mais il a changé d'idée.* »

« *Pourquoi?* »

« *Je ne sais pas, une mauvaise impression sur cette entreprise-là.* »

*****

## Évaluer selon l'objectif

Il est normal de vouloir déterminer si un quelconque objectif fixé est atteint. Pour la plupart des gens, c'est une source de satisfaction. Est-on arrivé au but? Lorsqu'on expédie une commande à la date prévue, malgré quelques embûches, la réponse est simple. On a réussi! Dans cette situation, l'atteinte de l'objectif est claire puisque la commande a été effectivement expédiée. Cet exemple démontre que la mesure d'évaluation doit permettre l'appréciation de l'objectif, de manière claire et précise. La cible à atteindre est la référence permettant une rétroaction justifiée de ce qui s'est passé, dans une perspective d'évaluation et d'évolution.

*****

« *Tu n'as pas fait ce que je t'avais demandé.* »

( Être Conséquent )

> « *Ah non?* »
> 
> « *Tu devais améliorer la qualité sur la chaîne de production et tu ne l'as pas fait.* »
> 
> « *J'ai fait des efforts pourtant.* »
> 
> « *Peut-être, mais pas assez… Il faudra t'investir davantage dans ton travail.* »
> 
> « *Je vais faire de mon mieux.* »
> 
> « *Parfait. J'ai confiance que tu y arriveras.* »
> 
> …
> 
> « *Euh, que veux-tu que je fasse exactement?* »

*****

La détermination claire des expectatives accroît l'objectivité de toute évaluation ultérieure du résultat obtenu. Par manque de précision, l'employé de l'exemple ci-dessus ne sait pas dans quelle direction axer ses efforts. Il pourrait d'ailleurs en venir à se dire que quoi qu'il fasse, ce ne sera pas adéquat. Quant à l'autre partie, elle pourrait juger la situation comme bon lui semble, par manque de balise concrète. Une demande floue appelle l'évaluation subjective d'une situation. L'entrepreneur qui désire améliorer le fonctionnement de son entreprise sera consciencieux dans la détermination des objectifs à atteindre. Il doit, autant que faire se peut, s'assurer de l'adéquation éventuelle entre l'objectif et sa mesure.

Les mesures de performance

L'usage de données financières en tant que mesures de performance est fortement répandu. On peut, par exemple, viser une augmentation des ventes de jouets électroniques de 10 % ou une augmentation du profit de 5 %. Beaucoup de gens tendent à évaluer la réussite de leur entreprise en fonction d'une augmentation quelconque de la rentabilité. « Faire davantage de profit » semble alors indispensable pour annoncer que « Les affaires prospèrent ». D'une part, il faut comprendre que viser la hausse (ou la baisse) de ceci ou de cela n'est pas toujours possible. Il y a des contraintes et des limites. Parfois, maintenir la situation actuelle est un réel défi.

D'autre part, je crois fondamentalement que chaque entrepreneur doit déterminer ce qui lui convient. Ne pas chercher à devenir plus gros et plus grand n'est pas mauvais en soi. Il est fort possible que la taille actuelle de l'entreprise réponde aux aspirations profondes de celui qui la gère. Certaines personnes désirent travailler seules ou fonctionner à l'aide d'une équipe réduite. Lorsqu'un entrepreneur ne voit pas l'intérêt ou ne se sent pas apte à diriger une entreprise de plus grande taille, s'en abstenir est la meilleure chose à faire.

*****

*Il est architecte.*

*Il travaille à domicile, dans un espace qu'il a aménagé à son goût.*

*Quand un contrat se termine, un autre se présente. Sa clientèle est stable.*

*Il est heureux.*

*Ses amis lui demandent parfois :*
*« Penses-tu engager quelqu'un pour t'aider? »*

*Ses collègues lui demandent parfois « Penses-tu déménager dans un local plus grand et former un partenariat? »*

*« Non. Pas pour l'instant. Tout va bien. »*

*Il est heureux.*

*****

Dans le respect de soi,
l'entrepreneur agit en fonction de ses désirs intérieurs.

Je désire souligner la nécessité de se pencher sur autre chose que le strict aspect financier. On ne mesure pas tout en dollar. Comment mesurer la diminution de la consommation de papier non recyclable, par exemple? Comment évaluer si le travail de l'employé à qui l'on a attribué la responsabilité de mener le projet est satisfaisant? Bien que ce soit un peu moins évident, il est utile d'établir des mesures de référence. On pourrait, par exemple, établir que la cible est de réduire la quantité de papier acheté de 15 % la première année, puis de 25 % l'année suivante, pour un total de 40 %. Outre leur spécificité et leur mesurabilité, ces cibles sont fixées dans l'espace-temps. Il devient alors plus facile d'organiser la mise en œuvre d'actions à exécuter. Lorsque l'horizon est plus ou moins rapproché, cela permet également d'en mesurer les étapes.

*****

…

*« Que veux-tu que je fasse exactement? »*

*« Eh bien, j'ai examiné les données et nous rejetons presque 5 % des produits fabriqués pour cause d'imperfection. Crois-tu pouvoir diminuer ce taux? »*

Être Conséquent

> « *Oui, j'y pensais justement et nous pourrions ...* »
>
> « *Parfait, ce que tu suggères est faisable. Essayons de diminuer ce taux de 1 % au cours du prochain semestre.* »

*****

Comme démontré par les exemples ci-dessus, les objectifs doivent être autant que possible mesurables, de manière à pouvoir évaluer le progrès accompli. C'est plus concret et plus motivant. Il va naturellement de soi que la cible doit être atteignable, c'est-à-dire qu'il est possible de l'atteindre au prix d'un effort raisonnable. Exiger l'élimination totale des produits défectueux, par exemple, ne serait pas une bonne idée. C'est plutôt une mission impossible, du moins pour l'instant. Vaut mieux élaborer des objectifs modestes, dans une approche pas à pas plus réaliste.

Offrir un défi et Inspirer? Oui.

Décourager ou démotiver? À éviter.

## La mesure et le bon sens

En toutes circonstances, l'entrepreneur doit faire preuve de réalisme. Certaines situations ne peuvent tout simplement pas être mesurées ou le sont difficilement. Comment mesurer l'amélioration du service à la clientèle? Par le nombre de clients servis à l'heure ou par le nombre moyen de minutes qu'ils attendent dans la file d'attente? Outre la difficulté d'établir comment effectuer la mesure en elle-même, son adéquation avec l'objectif à atteindre n'est pas parfaite. Être rapide à servir la clientèle signifie qu'un plus grand nombre de clients seront servis dans un même laps de temps. Peut-on en déduire que le service est amélioré? Cela reste à voir. L'entrepreneur doit faire preuve de jugement dans l'élaboration de ses attentes, puis dans l'évaluation ultérieure de l'atteinte – ou non – de celles-ci.

Bien que la considération de facteurs qualitatifs soit plus difficile dans l'application, cela m'apparaît souvent nécessaire pour qu'une évaluation soit complète. À mon avis, toute analyse de données chiffrées, quelle qu'elle soit, doit être accompagnée d'explications appropriées. Comment y est-on – ou non – arrivé? La fin ne justifie pas tous les moyens. Quelles sont les implications? Il y a peut-être des effets indésirables ou des conséquences indirectes. Somme toute, a-t-on vraiment atteint le but?

Il faut voir au-delà des chiffres.

## Effectuer un suivi

Afin de pouvoir bénéficier de toute l'utilité du processus de planification, il faut fermer la boucle en évaluant après-coup ce qui s'est passé. Il faut penser à la rétroaction. Prendre le temps de budgéter le montant de la publicité pour ne pas y revenir ultérieurement ne sert pas à grand-chose. A-t-on dépensé plus ou moins que le budget initial de 5 000 $ à 5 500 $? Lorsque l'écart est important, on devrait se questionner. La discussion précédente a porté, entre autres sur l'appariement de la mesure à l'objectif. Lorsque la mesure est bien établie, elle sert de base de référence à l'analyse. Les employés, ayant travaillé à l'atteinte d'un objectif ou d'une cible, espèrent habituellement recevoir une rétroaction. Cela me paraît crucial, pour l'avancement de la personne et l'évolution de l'entreprise.

$$\text{Planification} \rightarrow \text{Réalisation} \rightarrow \text{Rétroaction}$$

\*\*\*\*\*

*Les ventes de produits électroniques ont augmenté de 8 %
alors que la cible était de 10 %?*

*« Bon ... avant de conclure à l'insuccès de la stratégie développée,
analysons la situation. »*

*La publication d'articles de journaux
soulignant la piètre qualité du produit le plus vendu
a eu un effet négatif sur la vente des produits de cette catégorie.*

\*\*\*\*\*

*Les ventes de produits électroniques ont augmenté de 11 %
alors que la cible était de 10 %?*

*« Bien ... avant de conclure au succès de la stratégie développée,
analysons la situation. »*

*En désirant atteindre cet objectif, on a peut-être tout simplement mis de
l'avant ce type de jouets au détriment des autres catégories.*

\*\*\*\*\*

Tout au long de la réalisation de quel que projet que ce soit, il est bénéfique d'effectuer avec régularité le suivi des objectifs et mesures établis. On peut faire le point à chacune des étapes inscrites au plan de mise en œuvre, par exemple. Ou encore, on peut cumuler la mesure de performance, telle l'augmentation des ventes de produits électroniques, chaque semaine. Quels sont les progrès réalisés? Se tenir au courant permet la rectification rapide de la situation, s'il y a lieu. On cherchera alors à parvenir au résultat recherché dans les meilleures conditions possibles.

(Être Conséquent)

En déférence au thème Être Conséquent, j'aimerais partager la réflexion suivante avec vous. Les paroles dites et les gestes posés provoquent des réactions en chaîne, à plusieurs niveaux. L'entrepreneur qui en a conscience cherchera à considérer l'impact de ses actions. En acceptant le fait que toute action crée une réaction, il s'engage dans son milieu. En admettant que la vie teste parfois nos réactions, on accepte mieux ce qui survient. Voir plus grand que soi permet la considération des conséquences des mouvements sur autrui, qu'elles soient visibles ou non. L'entrepreneur peut s'attendre à quelques surprises. Il fera régulièrement face à des résultats inattendus, positifs et négatifs. Dans sa propre réaction, l'attitude de l'entrepreneur sera le reflet de ses valeurs et principes.

# ÊTRE CHEF

*« On ne peut pas tout prévoir ni tout contrôler.
On peut apprendre à s'adapter à toute situation. »*

# ÊTRE CHEF

Le cinquième thème de ce volume concerne le rôle du dirigeant, dans sa capacité de décision et de direction. Par sa position prépondérante, l'entrepreneur a la possibilité de commander et d'exercer une autorité. Être Chef signifie la compréhension que ses actions ont une influence déterminante sur l'entourage, en conformité avec ses principes profonds. Je désire discuter des attitudes que je considère comme nécessaires au fonctionnement réussi d'une entreprise.

## Chapeauter les activités

L'entrepreneur est un chef d'orchestre. Il dirige l'exécution d'une œuvre, son entreprise. Il met en place ce qui est nécessaire pour l'avancement de ses idées, avec le concours de diverses parties prenantes. Le défi est de taille. D'un côté, l'entrepreneur s'investit très souvent dans la réalisation des tâches quotidiennes. Il en fait partie intégrante au point d'avoir parfois – pour ne pas dire souvent – de la difficulté à s'en échapper. D'un autre côté, sa position lui demande de chapeauter ce qui se passe dans l'entreprise. Il doit donc régulièrement prendre du recul pour s'assurer que tout avance dans la direction voulue. Lorsqu'il est trop pris dans le quotidien, l'entrepreneur peut perdre de vue que sa présence est requise autre part.

*****

« *À quelle date doit-on présenter cette demande de subvention déjà?* »

« *La date limite était vendredi dernier.* »

*****

« *Notre demande d'aide est rejetée, sais-tu pourquoi?* »

« *Nous ne répondons tout simplement pas aux critères d'admissibilité.* »

*****

De nombreux aspects méritent l'attention du dirigeant-entrepreneur et il ne lui est certes pas facile de construire un horaire qui se tient. Chapeauter adéquatement les activités exige de faire l'effort de se réserver du temps pour le faire. Les dates importantes doivent être consignées de manière à ressortir au moment voulu. Un grand tableau sur le mur, un calendrier sous-mains ou l'inscription dans la messagerie, c'est un rappel simple et efficace. La réévaluation mensuelle d'un projet en cours, par exemple, doit être spécifiquement prévue à l'agenda.

L'entrepreneur doit voir au-delà du quotidien.

*****

*Elle se fait un devoir d'assister au colloque annuel de son association.*

*Elle hésite parfois à s'y présenter,
car il y a toujours une pile de choses à faire sur son bureau.*

*Elle y va et ne le regrette jamais. Elle s'y ressource.*

*Elle revient très souvent avec de nouvelles idées inspirantes.*

*****

Il m'apparaît indispensable que l'entrepreneur ait du temps pour examiner ce qui se passe dans l'ensemble, d'un point de vue global. A-t-on besoin de changer la gamme de produits ou services offerts? Doit-on réévaluer les prix? Est-ce le temps d'envisager un agrandissement du local? Prendre du recul, c'est se retirer suffisamment pour y voir plus clair. C'est prendre une certaine distance, mentalement et physiquement. Certains entrepreneurs vont demander à ce que personne ne les dérange pendant un temps donné. Ils peuvent ainsi examiner dans le calme, le système de messagerie fermé, les comptes rendus d'activités. D'autres entrepreneurs vont s'absenter de leur bureau un certain temps lors des périodes moins achalandées. Cela permet une meilleure concentration de la pensée.

La culture d'entreprise

Il m'apparaît essentiel que l'entrepreneur se questionne sur le genre de milieu dans lequel il désire œuvrer. Qu'est-ce qui est important pour lui? Quelles sont les valeurs et quels sont les principes auxquels il adhère? C'est la base à partir de laquelle se développent les manières de penser, d'agir et de se comporter. Voilà ce qui forme la culture d'une entreprise, le cœur de sa dynamique.

Comment parvenir à créer une culture basée sur le respect et la confiance des individus? … en commençant par respecter les autres dans ce que l'on dit et fait. Comment encourager l'initiative? … en valorisant les situations où l'employé en fait preuve. Comment encourager l'innovation? … en stimulant l'émergence des idées. Ce n'est pas plus compliqué que cela. L'entrepreneur doit tout simplement agir et soutenir ce auquel il croit, en faisant preuve d'authenticité. En conséquence, il n'acceptera pas ce qui va à l'encontre de ce qu'il désire construire.

Être Chef

Le comportement de l'entrepreneur
définit la culture de son entreprise.

Il est l'exemple à suivre.

### Choisir son équipe

Je crois personnellement qu'il est important de s'entourer de personnes qui s'intéressent et croient à l'entreprise. Plus le poste est critique, plus cela m'apparaît vital. La personne qui explique la fabrication du chocolat aux groupes de visiteurs doit être intéressée par le processus afin de le présenter d'une manière enjouée. Je ne dis pas qu'elle doit manger du chocolat tous les jours, je dis par contre qu'elle doit suffisamment croire au produit pour être crédible. Sa façon d'être contribue à l'avancement de l'entreprise, son employeur. En outre, l'entrepreneur doit s'assurer de pouvoir compter sur des personnes compétentes ou trouver le moyen de favoriser le développement de leurs compétences. Diriger, c'est aussi guider les autres dans leur propre chemin.

*****

*Il se rend compte que les mécaniciens spécialisés se font rares.*

*Qui plus est, le fait d'être situé dans une ville un peu loin des métropoles ne favorise pas l'embauche.*

*Il décide donc de prendre contact avec une école de métiers afin d'offrir des stages aux étudiants en mécanique.*

*Faire connaître ainsi son entreprise, et sa ville, l'a grandement aidé à former une équipe d'employés compétents et fidèles.*

*****

Lorsqu'il choisit les personnes avec qui il désire travailler, l'entrepreneur peut certainement se fier sur son intuition, sur son ressenti. Donner la chance à quelqu'un qui n'a pas tout à fait le profil initialement recherché peut parfois s'avérer être une bonne décision. En fait, la question fondamentale est de savoir si la personne détient les talents nécessaires pour ce qu'on lui demandera de faire. Et, cela exige parfois de voir plus loin que le curriculum vitae ou l'apparence physique. L'entrepreneur qui a un poste à combler doit s'assurer qu'il atteint son but en trouvant la bonne personne. Qui plus est, il se demandera si le nouvel arrivant pourra se joindre naturellement à l'équipe. Pourra-t-il adhérer à la culture d'entreprise? Il va donc de soi que certaines personnes, malgré leur expérience et leur compétence, pourraient tout simplement ne pas répondre au profil recherché.

*****
*Elles ont besoin d'une personne pour expliquer les différents produits de la boulangerie dans la boutique.*

*Elles ont de la difficulté à trouver une personne fiable.*

*Il a 53 ans et n'a pas d'expérience dans la vente, encore moins dans la boulange.*

*Il est un peu gêné, mais motivé à travailler, puis à apprendre.*

*Elles décident de lui donner sa chance.*

*Le début n'a pas été facile. Il manquait de confiance en lui.*

*Elles l'ont soutenu et ont répondu à ses nombreuses questions.*

*Il occupe adéquatement son emploi depuis trois ans maintenant.*
*****

Puisque le nombre d'individus œuvrant dans une entreprise est souvent limité, il est important de se sentir tout simplement bien les uns avec les autres. D'où l'importance de s'adjoindre des personnes qui vont s'inscrire dans l'harmonie du groupe.

L'embauche d'une personne de l'entourage, ami ou membre de la famille, mérite réflexion. Cela ajoute une dimension supplémentaire à la relation d'affaires que l'entrepreneur doit gérer. Une sœur, embauchée en tant que réceptionniste, par exemple, peut espérer obtenir quelques privilèges supplémentaires. Pourquoi ne puis-je pas terminer ma semaine de travail le vendredi midi comme toi? C'est également déplaisant de constater que les amis de l'ami embauché, et qui sont également nos amis, discutent régulièrement des affaires de l'entreprise. Lors de périodes plus difficiles, se rendre compte que des connaissances proches sont au courant – et se permettent en plus de donner conseils et opinions – complexifie inutilement la tâche de l'entrepreneur.

Le respect de l'individu

L'une des attitudes gagnantes chez l'entrepreneur est de favoriser l'expression des talents chez les personnes qui l'entourent, dans le respect de leur individualité. Il doit faire ressortir le meilleur de son équipe en leur donnant l'espace voulu. En d'autres termes, il encourage le développement des forces d'un individu au lieu de passer son temps à relever ses faiblesses. On ne peut aborder tous les employés de la même façon. Ce n'est pas une bonne idée, par exemple, de forcer un employé introverti à s'exprimer devant un groupe de personnes. Trouvons un autre moyen de partager ce qu'il sait ou fait, puis aidons-le à s'améliorer sur ce plan, s'il le faut, en étapes. Certaines personnes veulent un emploi qui leur permet de prendre des initiatives alors que d'autres n'en veulent tout simplement pas. Certains aiment le changement pendant que d'autres préfèrent un environnement plus stable. Certains préfèrent un horaire fixe, d'autres pas. Il n'y a rien de mal là-dedans. L'important, pour l'entrepreneur, est de le reconnaître et d'en tenir compte. Lorsque les attentes de l'un ne concordent pas avec les capacités de l'autre, le risque de mésentente s'accroît.

\*\*\*\*\*

*« J'ai décidé de te payer des cours de formation :
deux soirs par semaine pendant dix mois.*

*Tu aurais par la suite davantage de responsabilités
ainsi qu'un meilleur salaire. »*

...

« Suis-je obligé? Ce serait très difficile pour moi de m'absenter autant de la maison, pour des raisons personnelles. »

\*\*\*\*\*

L'un des dangers d'être le chef de son entreprise est d'en venir à abuser de sa position. Avoir l'autorité sur… ou détenir le pouvoir de… peut malheureusement donner l'illusion à certaines personnes qu'elles ont le droit de tout faire. Il y a une limite à ce qu'un employeur – ou un client en l'occurrence – peut exiger de l'autre partie, sous prétexte qu'il est celui qui paie. Le fait de payer un salaire n'autorise pas l'employeur à humilier son employé, par exemple. Le fait de payer un loyer au propriétaire n'autorise pas le locataire à s'adresser à lui avec agressivité. Le fait d'être le directeur général ne l'autorise pas à parler avec condescendance à la personne qui s'occupe de l'entretien ménager.

## Diriger ≠ Imposer

Certains cas d'abus sont faciles à identifier. Demander à l'autre partie de mentir, de falsifier des documents ou de voler est clairement répréhensible. Lorsque les règlements et les lois sont outrepassés, la personne qui demande ET la personne qui acquiesce deviennent complices. Chacun doit assumer ses responsabilités. Celui qui agit sous l'influence de l'autre ne pourra pas dire « Je n'avais pas le choix. » pour se disculper de l'avoir fait. Quiconque se trouvant impliqué – parfois malgré lui – devrait donc s'extraire d'une telle situation.

Les abus d'autorité ne sont toutefois pas toujours aussi aisés à reconnaître. Il arrive d'ailleurs fréquemment que la personne qui subit ne s'en rend pas vraiment compte. L'habitude de se faire traiter d'une certaine manière ou la coutume d'agir ainsi peut lui faire croire que c'est une situation normale.

*****

Il est le patron. Elle est l'employée.
Il lui dit d'appeler le client pour lui demander un document.
Elle sait qu'il l'a déjà, elle l'a déposé elle-même sur son bureau.
Elle le lui fait remarquer. Il lui dit de dire au client qu'il ne l'a pas reçu.

…

Elle appelle le client et lui ment. Elle redemande le document.
Elle se dit qu'elle n'a pas le choix.
Elle est très inconfortable dans ce genre de situation, qui arrive trop souvent.
Elle a peur de quitter cet emploi. Va-t-il lui donner de bonnes références?
Elle a besoin de travailler. Elle a deux enfants.

…

Il se sent en position d'autorité sur elle.
Elle n'a pas le choix de faire ce qu'il lui dit.
Il a toutefois peur, sans vraiment se l'admettre, qu'elle quitte son emploi.
Et si elle allait raconter ce qu'elle a vu et entendu?
Il lui fait régulièrement sentir, pas si subtilement, qu'elle est chanceuse de travailler pour lui et que ce serait bien pire ailleurs.

*****

Mon objectif est essentiellement de sensibiliser à l'existence potentielle de situations d'abus. L'entrepreneur peut se trouver dans la position dominante, dans la position dominée, ou quelque part entre les deux. Il faut bien le dire, la ligne est parfois mince entre un comportement adéquat et un comportement abusif. Il est d'ailleurs complexe d'expliquer pourquoi certaines relations entrecroisées, qui ne sont pas saines pour les deux parties, perdurent aussi longtemps. Lorsque la volonté de l'un est imposée à l'autre et que s'ensuit un malaise, un sentiment d'insatisfaction ou une atteinte à la dignité, il faut se poser des questions. L'entrepreneur doit analyser son propre comportement et demeurer à l'affût de la présence de telles situations sous son toit. L'un de ses clients pourrait, par exemple, faire preuve d'excès dans l'influence exercée sur l'un de ses employés.

Être un entrepreneur est un privilège, n'en abusons pas.

Être Chef

*****

*En période achalandée, il y a jusqu'à trois vendeurs sur le plancher.*

*Leur salaire? Un montant de base plus une commission sur leurs ventes.*

*Le vendeur-vedette effectue sa tâche avec un peu trop de zèle.
Il se démène pour être toujours le premier à accueillir les clients.
Dans la sûreté de sa position, il ne se gêne pas
pour faire de l'intimidation auprès des autres vendeurs.*

*Il sert régulièrement deux ou trois clients à la fois
pendant que les autres n'ont rien à faire.*

*Le taux de roulement du personnel de vente – autre que lui – est très élevé.*

*Quelqu'un devrait prendre du recul et observer
ce qui se passe dans la place.*

*****


La cohésion du groupe

Chaque personne qui gravite autour d'une entreprise est importante. L'équilibre de l'ensemble est un facteur clé de succès. Une entente positive et harmonieuse ne signifie pas que tout un chacun doit penser de la même façon. C'est plutôt que chacun contribue à la mesure de ses capacités, qu'il est écouté et qu'il écoute, dans le respect. Il est d'ailleurs souvent recommandé de s'entourer de gens capables d'apporter différents points de vue. Le fait d'être en désaccord sur certaines idées n'est pas nécessairement un obstacle au déroulement des activités. C'est même très souvent le contraire. L'essentiel est de pouvoir, à point nommé, s'entendre sur ce qu'il y a à faire. Une fois la décision prise, il est important que l'équipe l'accepte. L'entrepreneur qui réussit à faire en sorte que tous travaillent vers un but commun, soit la réussite de l'entreprise, détient une longueur d'avance.

Personne n'est parfait,

mais il existe des forces en chaque personne.

*****

*C'est un incontournable.*

*Tous les employés se rencontrent environ 15 minutes tous les matins
avant de débuter leur travail proprement dit.*

*On fait le point, on échange des idées, puis on planifie la journée à venir.*

*****

Par sa position de chef, l'entrepreneur a cette possibilité d'encourager la communication entre les membres de son équipe. Il s'assure que chacun a sa place et y trouve son compte. Il est donc fréquent de voir des entrepreneurs mettre en place des activités qui favorisent l'établissement de liens. Cela construit des ponts et désamorce les conflits. Un entrepreneur peut, par exemple, rejoindre ses employés le temps de la pause et tout simplement prendre des nouvelles d'eux. Un autre entrepreneur peut, quant à lui, se servir du babillard de la salle commune pour partager articles de journaux et communiqués. Nul besoin de moyens sophistiqués ou dispendieux. Dire « NOUS allons revoir l'échéancier de ce projet. » est préférable à « JE vais revoir l'échéancier de ce projet. »

*****

*Le jour de l'anniversaire du démarrage de l'entreprise, elle organise un 5 à 7.*

*Elle y invite tous ceux qui font affaire avec elle : employés actuels et précédents, clients, fournisseurs, bailleurs de fonds, propriétaire, etc.*

*Elle profite de l'occasion pour y présenter ses nouveautés, puis invite les visiteurs à l'échange, dans une atmosphère détendue.*

*****

Le choix de l'équipe qui accompagne l'entrepreneur dans ses projets ne concerne pas uniquement les employés. Jusqu'à un certain point, l'entrepreneur peut devoir ou vouloir choisir qui sont ses clients, ses fournisseurs ou ses bailleurs de fonds. Quoi qu'il en soit, favoriser une relation gagnant-gagnant est une stratégie efficace. Lorsqu'un partenaire d'affaires est recherché, il m'apparaît essentiel de tenir compte de ce qui sous-tend fondamentalement la culture de l'entreprise.

Le résultat? Obtenir davantage que la somme des parties.

*****

*La clientèle de l'un est essentiellement résidentielle – nombreux contrats, montants moindres.*

*La clientèle de l'autre est essentiellement commerciale – peu de contrats, montants importants.*

*Travail différent. Matériel différent. Compétences différentes.*

*Mêmes valeurs et principes dans leur façon de faire des affaires.*

*Ils forment un partenariat.*

*La synergie qui en découle est un franc succès.*

*****

Être Chef

Les mésententes

Lorsque la situation est délicate, je continue de penser que rien ne vaut le dialogue. Crier ou injurier ne mène à rien. Avant d'éclater, un conflit présente bien souvent des signes avant-coureurs que l'entrepreneur se doit de capter. Dans une attitude d'écoute concentrée et dans la capacité de se mettre à la place de l'autre, on peut faire le point – ou du moins essayer – avant que la situation ne dégénère. Quel est exactement l'objet du désaccord? Quelles sont les conséquences sur les comportements et sur l'entreprise? Y a-t-il des alternatives? Pour un dialogue constructif, le chef d'entreprise doit savoir gérer ses émotions et instiguer la même chose chez les autres. Une mésentente se règle plus facilement lorsque les faits ont préséance sur le ressenti.

Regardons le fond plutôt que la forme.

*****

*Elles ne s'entendent pas du tout.*
*Elles se cherchent continuellement querelle.*
*L'une dit quelque chose, puis l'autre la contredit, et vice versa.*
*Ce n'est pas tellement de savoir ce qui est dit, mais qui le dit.*
*Ce qu'elles se font l'une envers l'autre est le premier sujet de conversation de tous les membres de l'équipe.*

*****

Lorsque la sensibilisation et le dialogue ne procurent aucun résultat. Lorsque le comportement d'une personne affecte l'ensemble des membres de l'équipe. Lorsque l'atmosphère diffère de la culture d'entreprise que désire créer l'entrepreneur. Il faut agir. Nier l'évidence ou la triste réalité ne rend service à personne. L'absence d'action ou la remise continuelle de la question à plus tard est une forme d'acceptation de la situation. Ce message de l'entrepreneur, conscient ou non, n'est probablement pas celui qu'il désire envoyer. Ce n'est pas évident de gérer une situation de conflit, particulièrement quand sa résolution, quelle qu'elle soit, entraînera des inconvénients pour l'entreprise. Dans sa réflexion, et éventuellement sa décision, l'entrepreneur doit se rattacher aux valeurs et principes qui lui sont chers.

Il y a une limite à ce qui est acceptable. Il n'est pas sain de continuer une relation avec quelqu'un qui ne nous respecte pas ou qui ne reconnaît pas notre personne. Parfois, se départir d'un employé qui ne s'intègre pas à l'équipe demeure la seule solution.

## Faire la part des choses

Pour toute situation rencontrée, je crois que l'entrepreneur doit s'assurer de détenir le portrait le plus juste possible. Autrement dit, avant de prendre une décision ou de statuer sur une problématique quelconque, il est préférable de s'assurer d'avoir toutes les informations disponibles en main. Il est trop facile ou trop commode de juger sur les apparences ou sur la base d'informations erronées ou non crédibles. La première personne qui présente son point de vue ou celle qui parle le plus fort n'a pas nécessairement raison, tant s'en faut. L'entrepreneur doit adopter une attitude objective dans la prise de renseignements. En prendre et en laisser, même lorsque l'une des parties se qualifie d'experte. L'entrepreneur écoute, tout en faisant preuve de sens critique. Une personne qui fait une erreur, voire même deux, n'a pas tout faux. L'entrepreneur doit trouver le moyen d'obtenir la participation des personnes impliquées, ce qui inclut les plus réticentes ou les plus introverties. Il doit également s'accorder le temps nécessaire pour se faire une opinion. Cela m'apparaît d'autant plus important lorsque des pressions à agir rapidement lui parviennent de l'extérieur. L'entrepreneur doit être apte à prendre du recul, particulièrement dans les situations délicates. Agir impulsivement ou sous le coup de la colère sert rarement l'objectif.

Bouger rapidement? Parfois.

Agir impulsivement? Le moins possible.

Informations → Réflexion → Décision → Action

\*\*\*\*\*

*Il entre en trombe dans son bureau. Il lui explique rapidement, à grand renfort de gestes, le différend qu'il vit avec un fournisseur.*

*Il résume tout ce qui a cloché au cours des derniers mois, pour insister finalement sur l'erreur dans la commande reçue hier.*

*Il parle fort. Son ton est assuré, sans équivoque et très convaincant.*

*Il dit que cela l'oblige à revoir l'horaire de la journée. Il avait promis au client qu'il s'en occuperait aujourd'hui. Bref, il tient absolument à changer de fournisseur.*

*…*

*L'entrepreneur écoute avec empathie, puis demande à voir les documents échangés.*

*Il prend le temps de téléphoner au fournisseur pour lui demander sa version des faits.*

Être Chef

> *Il examine ensuite l'ordonnancement des événements*
> *sous une juste perspective.*
>
> ...
>
> *Il est conscient de la nécessité d'agir avec doigté.*
> *Il se sent responsable d'évaluer objectivement les informations colligées.*
> *Il est honnête dans ses relations avec autrui.*
> *Il entrevoit les conséquences de sa décision éventuelle.*
> *Dans sa position de chef d'entreprise, il désire faire preuve d'impartialité.*

*****

Je suggère à l'entrepreneur qui s'apprête à intervenir dans une situation donnée de s'assurer de choisir le bon moyen. La nature de ce moyen doit être réfléchie. On ne change pas de fournisseur sous prétexte que la dernière commande comporte une erreur. On lui en parle de vive voix ou on lui demande de rectifier le tout par courriel. On ne change pas nécessairement de fournisseur sous prétexte que certaines commandes comportent des erreurs. On le sensibilise par écrit au sujet de la problématique et l'on attend de voir s'il fera les efforts nécessaires pour corriger la situation. En d'autres termes, ne rien faire n'est pas recommandé; il est plutôt recommandé de le faire de manière appropriée. Quel genre d'erreurs? Quelle est l'ampleur des transactions avec ce fournisseur? Je considère personnellement qu'un entrepreneur doit chercher à régler ce qui ne va pas avant de poser un geste drastique. Clôturer une relation insatisfaisante peut être au final la seule solution possible. Quand, malgré des efforts de bonne volonté, rien ne change, il faut envisager des moyens plus sérieux. Je crois toutefois qu'un chef d'entreprise doit au préalable tenter de régler ce qui ne va pas et communiquer adéquatement ce qu'il en est. Est-ce qu'ils sont au courant? À moins de circonstances graves, il m'apparaît nécessaire de permettre à l'autre partie de s'amender. Il arrive naturellement qu'un point de non-retour soit atteint. L'entrepreneur fera alors le nécessaire, dans le respect de l'autre.

*****

> *Elle est la propriétaire d'un petit comptoir-café*
> *situé dans le hall principal d'un hôtel.*
>
> « *Je suis dans l'obligation de te remercier de tes services. Comme tu le sais, il est important que le comptoir ouvre à 7 h tel qu'annoncé à l'horaire. Malheureusement, malgré quelques avertissements à ce sujet, tu ne réussis pas à rentrer au travail à l'heure prévue.* »

*****

## Faire preuve de réalisme positif

Je crois personnellement qu'une attitude positive face aux événements rend la vie plus agréable. Je ne dis pas que tout est rose ni que tout va toujours bien. Je ne dis surtout pas qu'il faut être optimiste au point de ne pas voir la réalité de ce qui se passe. Et finalement, cela ne veut pas dire qu'il faut sourire, peu importe ce qui arrive. Le monde est imparfait et ne tourne pas toujours comme on le voudrait. Viser la perfection? Oui. Garder cet objectif en tête? Oui. Accepter de ne pas l'atteindre à tous les coups? Assurément. Il m'apparaît préférable de développer une attitude d'accueil envers ce qui survient. Il est clair qu'un entrepreneur risque d'être déçu lorsqu'un employé performant quitte l'entreprise, par exemple. Il risque aussi de recevoir de mauvaises nouvelles, lorsque sa soumission à un projet qui l'intéressait beaucoup n'est pas retenue. Il est normal d'en être ébranlé, du moins temporairement. À mon avis, l'entrepreneur doit essentiellement apprendre à accepter, puis s'adapter aux circonstances. Qu'est-ce qui ressort de l'expérience?

*****

*Leur idée est très bonne.*
*Si cela pouvait marcher, de nombreuses personnes s'en porteraient mieux.*
*Un problème technique les empêche de finaliser le tout.*
*Ils sont pourtant si près du but.*
*...*
*Ils suspendent, pour le moment, le projet.*
*Dans cette frustration de ne pas y être arrivé, la cohésion du groupe est quelque peu ébranlée.*
*...*
*« Faisons autre chose entre-temps; nous y reviendrons peut-être plus tard. »*

*****

Quand remarque-t-on l'attitude d'un chef?

... dans les moments difficiles.

## Le bon moment

Les choses ne se passent pas toujours comme prévu. Il arrive parfois, malgré toute notre bonne volonté, que cela ne fonctionne pas. Des portes se ferment, des contraintes s'ajoutent et tout tourne au ralenti. Il arrive par contre que les choses se mettent en place avec plus de facilité. Des portes s'ouvrent, des solutions apparaissent et le rythme d'avancement est régulier. L'entrepreneur doit s'attendre à rencontrer toutes sortes de circonstances. C'est parfois mieux, c'est parfois pire, mais c'est normal. Il y a, à mon avis, un moment pour chaque chose. Pour des raisons parfois difficiles à expliquer, un projet qui ne fonctionne pas aujourd'hui peut très bien fonctionner demain, et vice versa. L'entrepreneur lucide en tiendra compte lorsqu'il choisira le moment de son intervention ou lorsqu'il analysera, *a posteriori*, ce qui s'est passé.

*****

*Il doit rédiger cette lettre de nature délicate.*

*Il essaie de l'écrire, mais les idées ne viennent pas.*

*Il attend.*

...

*Il se sent prêt aujourd'hui. Les mots se mettent en place.*

*****

Savoir quand parler et quand bouger n'est pas si évident. L'entrepreneur qui essaie de forcer les choses doit, à un moment donné, se rendre compte que cela ne sert à rien. Il doit attendre ou laisser tomber. Il comprend, par exemple, que ce n'est pas une bonne idée de vouloir débuter un projet important le vendredi précédant les vacances annuelles. Il attendra un moment plus propice. Celui qui déciderait tout de même de procéder, en forçant la donne, n'obtiendra peut-être pas le résultat espéré. Des erreurs peuvent être commises; des points importants oubliés. S'il s'évertue en plus à vouloir changer la mentalité d'employés sur le point de partir en vacances, il risque de frapper un mur. Pour le mieux-être de tous, choisissons le meilleur moment possible. En certaines circonstances, le chef d'entreprise pourra tout simplement se fier à son intuition.

*****

*Refusée!*

*Sa demande d'indemnisation est rejetée! Il est très frustré.*

*Il a pourtant grandement besoin de cet argent pour effectuer la reconstruction.*

*Son premier réflexe est de prendre le téléphone et de leur dire sa façon de penser.*

*Il tombe sur la messagerie vocale. Il hésite et ne laisse pas de message.*

© Attitudes d'Entrepreneur

*C'est une bonne chose. Merci pour ce sursis.*

*Il met la lettre de côté, puis vaque à ses tâches quotidiennes.*

*Il fait parfois les gros yeux à cette lettre restée sur le coin de son bureau.*

*Quelques jours plus tard, il se sent mieux.*

*Les sentiments perturbants se sont estompés.*

*Il relit la lettre – dans sa totalité cette fois-ci – avec calme et objectivité.*

*C'est moins mauvais qu'il n'y paraissait de prime abord.*

*Sa demande sera réévaluée s'il peut présenter un devis plus détaillé.*

*Il n'avait pas vu cette ouverture sur le coup.*

*Il demeure réaliste,
car la présentation d'un nouveau devis ne garantit rien.*

*Il demeure positif, dans le sens où il va monter le devis au mieux de ses capacités afin de favoriser l'aboutissement favorable du dossier.*

\*\*\*\*\*

Le ton juste

À mon avis, la façon de véhiculer les mots et les idées fait partie intégrante de la culture d'entreprise, parfois imperceptiblement. Chose certaine, l'atmosphère qui règne influence beaucoup de choses. A-t-on envie d'y œuvrer? S'y sent-on bien? Un client, par exemple, peut se rendre compte de la tension entre deux employés. Il peut même en subir le contrecoup lorsque celui qui vient de se faire rabrouer ou dévaloriser par l'autre vient le servir. Ce genre de comportement imprègne l'atmosphère et laisse des impressions négatives, certes subtiles, mais présentes. En certaines circonstances, on pourrait comprendre que le client ait envie de s'enfuir en courant.

Par sa position, le chef d'entreprise donne le ton aux diverses communications, verbales et écrites.

« Merci de... » termine agréablement toute communication.

Ce n'est pas nécessairement le contenu du message qui pose problème, mais la façon de le véhiculer. Lorsqu'un employé fait preuve de négligence dans son travail, l'entrepreneur doit lui en faire part. Pas devant tout le monde. Pas sur un ton dégradant. Pas en minant la confiance de l'autre. Une blessure d'orgueil ne guérit pas si facilement. Menacer sans arrêt un employé de congédiement ou dire au fournisseur qu'on aurait dû le lâcher depuis longtemps n'est pas une bonne stratégie d'encouragement. Cela provoque peut-être un effet sur le coup. Toutefois, les bénéfices seront temporaires, s'il en est, et les dommages seront permanents. L'entrepreneur doit plutôt chercher l'expression juste de son idée et s'exprimer avec calme, dans le souci de valoriser ses relations. Souligner les bienfaits et les apports, plutôt que créer peur et panique, allège l'atmosphère, pour un meilleur résultat. Cet état d'esprit favorise l'ouverture vers l'amélioration.

*****

*« Pour la sécurité de tous, personne n'entre dans l'atelier sans ses chaussures de sécurité. »*

*au lieu de …*

*« Vous allez vous blesser si vous entrez dans l'atelier sans vos chaussures de sécurité. »*

*****

*« Nous avons le regret de vous annoncer que nous ne renouvellerons pas le contrat. »*

*au lieu de …*

*« On s'en va ailleurs. On va sûrement être mieux servi qu'ici. »*

*****

*« Pour nous aider à offrir un meilleur service, auriez-vous l'obligeance d'expliquer ce qui ne va pas ? »*

*au lieu de …*

*Ne rien faire et de laisser aller, comme si cela importait peu.*

*****

La tendance générale est de trop en dire. Pourquoi sur-expliquer ? A-t-on besoin de se vider le cœur à tout prix ? À des relations d'affaires qui plus est ou avec la première personne qui se présente. Supposons que l'entreprise déménage. Cela arrive régulièrement. Il ne me paraît pas nécessaire de profiter de l'occasion pour « enfin » dire tout ce que l'on pense à l'autre partie, allant même jusqu'à exagérer un peu. La fin d'une relation ne me semble pas un prétexte valable. À mon avis, l'entrepreneur devrait se garder d'épancher ses émotions, pour le mieux-être des parties impliquées. En déménageant, son regard devrait se tourner vers ce qui vient : de nouveaux locaux, de nouveaux projets, de nouveaux défis. S'il profite de l'occasion pour se venger ou régler ses comptes, cela réduit l'énergie disponible pour des choses autrement plus intéressantes. La plupart des gens ressentent d'ailleurs un mal-être après une altercation pas très agréable. C'est vidant. Ce qui semble une bonne chose sur le coup peut laisser des traces à plus long terme. Évitons donc de perdre du temps avec des communications inutiles. Vous savez quoi? Le chemin des uns et des autres se croise régulièrement.

*****

« Es-tu au courant?
Notre ancien propriétaire vient d'acheter l'immeuble dans lequel nous venons juste d'emménager. »
Oups!

*****

Dans bien des circonstances, l'humour permet de réaliser que ce qui se passe n'est pas si grave. De mon avis personnel, trop de situations sont prises trop sérieusement, alors que ce sont parfois seulement des peccadilles. La batterie du portable est déchargée? Mieux vaut le prendre avec le sourire ou même en rire, surtout si c'est la deuxième fois en deux jours! Il faut faire la part des choses et s'assurer de réagir en cohérence avec ce qui se passe. Est-ce si grave, sur une échelle de 1 à 10? Y pensera-t-on demain? La semaine prochaine? Prendre du recul avant de réagir permet d'éviter les sur- et les sous-réactions qui, lorsqu'examinées de sang-froid, sont tout simplement absurdes. Cela permet de mieux jauger toute situation.

*****

« Que se passe-t-il? Il a l'air très très mécontent. »
« On ne lui a pas remis de reçu lorsqu'il a fait le plein d'essence. »
« Ce n'est pas grave, on le verra sur le relevé de la carte de crédit. »

*****

## Être au fait de ce qui se passe

L'entrepreneur doit être au courant de ce qui se passe dans son entreprise. C'est indispensable. Il en est le pivot. Tous comprendront toutefois qu'il ne peut être partout à la fois ni tout vérifier. Nous l'avons déjà dit, les tâches de l'entrepreneur sont grandement diversifiées. Il peut passer quelque temps avec des clients, puis aider un employé à finaliser une commande, pour finalement terminer son avant-midi par une conférence téléphonique avec son conseiller financier. Avec la croissance des activités de l'entreprise, l'entrepreneur n'a pas le choix, il doit faire appel à d'autres personnes et envisager la mise en place de différents moyens de suivi. Faire confiance à d'autres est parfois très difficile pour l'entrepreneur qui travaille intensément à la réussite de ses projets. C'est laisser aller une partie de ce qu'il a créé. Dans le choix du personnel, il est naturellement important de pouvoir compter sur des personnes fiables, en particulier lorsque l'équipe est réduite.

L'entrepreneur doit chercher à s'entourer de gens dont les talents ou les forces répondent à ses besoins, qui viennent compléter ce qui manque. Cela semble aller de soi, mais ce n'est pas toujours le cas. Certains entrepreneurs vont embaucher quelqu'un pour effectuer les tâches avec lesquelles ils sont à l'aise, car ils sont alors à même de vérifier si tout est correctement fait. Ils gardent ainsi pour eux les tâches dans lesquelles ils excellent le moins, de manière à tout contrôler. Un entrepreneur qui jongle avec la paie – et qui en plus n'aime pas vraiment cela – devrait évaluer la possibilité de confier la préparation de la paie à quelqu'un d'autre ou à un organisme externe. Le fait de ne pas concrètement préparer la paie ne l'empêchera pas de s'assurer que les calculs sont bien faits ou que les sommes versées sont vraisemblables. Quelques points d'observation bien choisis peuvent très bien faire l'affaire.

*****

*Il a beaucoup d'expérience dans la vente. Sa conjointe aussi.*

*Forts de leur expérience, ils ont développé un système de rangement de documents plus efficace que tous les autres.*

*Le produit est de bonne qualité. Les commerces s'y intéressent.*

*Lorsque l'un ou l'autre membre du couple-entrepreneur rencontre un client potentiel, la vente se fait quasiment chaque fois!*

*Pas surprenant, ils connaissent très bien leur produit et en parle avec passion.*

…

*La croissance est rapide. Ils n'arrivent plus à répondre à la demande.*

*Elle décide de s'occuper de la comptabilité.*

*Il décide de s'occuper du montage et de l'installation.*

*Ils embauchent un nouveau vendeur, sans expérience.*

…

*****

L'entrepreneur doit s'ouvrir à la nécessité de déterminer quelles sont ses forces et faiblesses, ses capacités et ses préférences. Lorsqu'il effectue ce constat avec objectivité, il est alors mieux placé pour s'adjoindre des personnes qui bonifient la valeur de son équipe. Lorsque le choix est plutôt biaisé par la peur de rencontrer quelqu'un de meilleur ou de plus compétent que soi, l'équipe s'appauvrit. L'entrepreneur qui réussit à faire abstraction de son propre ego choisira ce qui est le meilleur pour l'entreprise.

*****

*« Aurais-tu l'amabilité de relire mon texte pour me donner ton opinion?*
*Je ne suis pas sûre qu'il est clair.*
*Et, en passant, je sais que ton français est excellent.*
*Pourrais-tu relever les fautes? »*

*****

Il est meilleur que moi? Tant mieux! Le résultat sera meilleur.

L'information de gestion

Tout système comptable aboutit sur la préparation d'états financiers, mensuels, trimestriels ou annuels, selon les besoins. Ils contiennent le compte rendu financier des activités; compte rendu régulièrement remis à des parties prenantes *externes*, tels le gouvernement et les bailleurs de fonds. L'ensemble des opérations d'une entreprise est ainsi groupé, de façon organisée, pour en faciliter l'analyse. Il s'agit essentiellement de rendre compte de ce qui s'est passé, pour une période donnée (état des résultats), puis de faire le point sur les avoirs et les obligations à une date donnée (bilan).

La gestion d'une entreprise nécessite la considération régulière d'informations. Et, il faut bien le dire, les états financiers ci-dessus nommés ne suffisent pas à répondre à tous les besoins en gestion. L'entrepreneur a donc également besoin d'informations *internes* de diverses natures; information qui peut être quantitative ou qualitative. Elle s'exprime le plus souvent en dollar (ou en pourcentage), quoique d'autres mesures puissent être tout aussi utiles (nombre de…). Disposer d'informations de gestion au moment opportun est indispensable au suivi de la bonne marche de l'entreprise.

*****

*« Je viens de regarder la liste des sommes à recevoir.*
*Le compte de ce client est très élevé, beaucoup plus qu'à l'habitude.*
*As-tu une idée de ce qui se passe? »*

*« Leur dernier versement remonte à trois mois.*
*La rumeur veut qu'ils connaissent des difficultés financières. »*

*****

Outre les informations comptables de base, la quantité de rapports, graphiques et analyses qu'un système comptable, informatisé de surcroît, peut générer est assez impressionnante. L'entrepreneur doit donc déterminer ses besoins, c'est-à-dire ce qui lui est nécessaire pour fins de gestion. Qu'est-ce qui est critique? Où sont les points névralgiques et sensibles? Et, quelles sont les mesures de performance importantes pour l'entreprise? L'établissement spécifique des besoins permet la concentration sur l'essentiel. Lorsque la quantité d'informations affluentes est trop élevée, on s'y perd. Il faut mieux choisir, en regarder moins, mais mieux. Plus l'entreprise grossit, et plus l'entrepreneur a besoin de ce genre d'informations, car il est moins près des activités quotidiennes.

*****

*Elle est estomaquée face à la quantité de rapports statistiques que la nouvelle caisse enregistreuse peut produire!*

*Elle examine le descriptif du produit, puis coche les fonctions qui l'intéressent.*

*Elle programme ses besoins dans la machine qui lui présente alors le cumul quotidien des informations clés dont elle a besoin.*

*Ni plus. Ni moins.*

*Elle réévalue annuellement ses besoins d'information.*

*****

Lorsqu'il désire analyser l'évolution des ventes, par exemple, l'entrepreneur demandera à ce que le chiffre des ventes mensuelles soit compilé dès que possible au début du mois suivant. Il pourra l'obtenir facilement du logiciel comptable qu'il utilise ou l'inscrire manuellement dans un tableur de calculs (tel le logiciel *Excel*) où chaque colonne représente un mois différent. Il a certes déjà une idée de la tendance d'un mois à l'autre. C'est son entreprise, et il en prend le pouls avec régularité. Bénéficier d'une information fiable et comparative lui permet toutefois de confirmer ce qu'il pense. Il n'est d'ailleurs pas à l'abri de quelques surprises. Certains aspects de l'exploitation peuvent être négligés tout simplement par manque de temps, par manque de visibilité ou par manque de données. Bénéficier d'une information régulière permet l'identification plus rapide des situations qui requièrent une attention immédiate. Cherchons des moyens simples et efficaces d'effectuer le suivi de l'information.

Je suggère de faire la différence entre deux aspects.

Le premier aspect concerne les activités répétitives, de nature courante. Cet aspect nécessite de l'information régulière permettant un suivi continu, tel le niveau de production journalier. On fait le point, on compare au budget, puis on compare aux périodes précédentes. Bref, on s'assure que tout va dans le sens prévu ou désiré. Cela nécessite de l'information financière, tel que le chiffre de ventes, mais aussi le calcul de mesures particulières aux activités, comme le nombre de paniers montés ou le temps requis pour régler la réclamation d'un client. Pour une meilleure compréhension de ce qui se passe, on peut d'ailleurs séparer par type de produits et services ou par type de clients. Y a-t-il un produit vendu à perte qui engouffre le profit des autres?

Les mesures choisies doivent assurément tenir compte de la mission et des objectifs de l'entreprise. Il arrive d'ailleurs régulièrement qu'un système comptable ne soit pas capable de produire directement l'information requise. L'entrepreneur doit alors effectuer sa propre compilation des données. Encore une fois, un simple tableur de calculs peut être fort utile.

*****

*Offrir de nouveaux produits est important?*
*Calculons le pourcentage du chiffre d'affaires provenant des nouveaux produits.*

*****

*Respecter le temps annoncé au client est primordial?*
*Calculons les écarts (positifs et négatifs) entre le temps estimé et le temps réel.*

*****

*Satisfaire la clientèle fait partie intégrante de la mission?*
*Calculons le taux de conservation des clients.*

*****

Le deuxième aspect concerne les activités sporadiques, de nature exceptionnelle. Ces dernières surviennent irrégulièrement dans la vie d'une entreprise en mouvement. Il s'agit, par exemple, de décider entre louer ou acheter un équipement, de déterminer dans quel format vendre les produits, ou encore, de procéder ou non à l'agrandissement du garage. Ces décisions demandent davantage de réflexion, ce qui requiert la prise en compte d'un plus grand nombre d'informations, sur une certaine période. Leurs natures, ainsi que leurs sources (internes et externes), sont très diverses. Je suggère l'inscription des éléments clés d'informations à obtenir dans un plan de mise en œuvre.

Bénéficier d'informations pertinentes, fiables et compréhensibles?

INDISPENSABLE

Être Chef

Lorsque l'entrepreneur se demande quelle est l'information à considérer, le premier critère est sa pertinence. En quoi est-ce que cela aidera à prendre la décision? Qu'est-ce qui fera la différence entre faire et ne pas faire? Toute décision appelle une attitude d'objectivité. Il faut, autant que possible, examiner les arguments pour et les arguments contre avec lucidité. Faire preuve d'ouverture dans la recherche d'informations m'apparaît absolument nécessaire afin de révéler adéquatement chaque aspect et chaque possibilité. Regarder ce qui se fait dans d'autres domaines, par exemple, peut donner des idées. Toute décision importante nécessite une période où l'on se questionne, où l'on s'informe, où l'on accueille toute information susceptible d'influence. Pour certaines personnes, c'est une position inconfortable. Ne pas savoir où l'on s'en va est insécurisant. Quoi qu'il en soit, l'entrepreneur doit permettre la considération de toute information pertinente au processus d'analyse, en particulier lorsque cela diffère de ce à quoi il s'attendait. Il est tentant de décider rapidement, tout simplement pour pouvoir passer à autre chose. Analyse incomplète? Décision trop rapide. Le chef d'entreprise doit savoir qu'une période d'indécision n'est pas nécessairement une mauvaise chose. Cela permet de mieux justifier le choix à venir et, bien souvent, de rallier tous les membres de l'équipe vers ce choix.

*****

*Ils se demandent si le moment est venu de procéder à l'agrandissement de la salle de montage.*

*Chacun de leur côté, ils font la liste des « avantages » et des « inconvénients » dans un tableau.*

*Ils ont l'idée d'inscrire le degré d'importance de chacun des points relevés, de 1 à 5.*

*Ils y inscrivent ensuite la nature et la source des informations qui pourraient les éclairer dans leur décision.*

*Ils procèdent ensuite à la comparaison des fruits de leur réflexion.*

*****

La résistance au changement

Tout changement provoque un bouleversement, d'une ampleur variée, à différents niveaux. Les points de repère connus et les habitudes, c'est généralement confortable. On ne réagit pas tous de la même manière face à l'annonce d'un changement. Pour certaines personnes, c'est un défi, et pour d'autres, c'est une nuisance. C'est parfois un peu des deux. L'anxiété est probablement l'émotion la plus fortement rencontrée lorsqu'un changement s'annonce. L'entrepreneur doit être au fait de ce phénomène de résistance afin de pouvoir autant que possible en minimiser les effets. Le considérer comme étant naturel est déjà prometteur.

Contact → Écoute → Réponse

L'une des meilleures façons de faire est d'annoncer ce qui vient dès qu'il est possible de le faire. Une communication appropriée diminue l'incertitude.

Prendre le temps d'informer les employés indiquant que l'horaire de travail ou l'organisation des bureaux sera revu leur permet de se faire à l'idée. Leur expliquer le bien-fondé et les rassurer est essentiel. Prendre connaissance d'un événement à l'avance en adoucit l'impact en laissant aux gens le temps de s'en accommoder. Procéder par étapes aussi. Lorsqu'un changement s'annonce, il faut essayer d'identifier quelles sont les incertitudes et les inquiétudes potentielles des employés. La peur de perdre leur emploi ou la crainte de ne pas avoir la compétence requise pour réaliser les nouvelles tâches en sont des exemples. Quand la cause d'une résistance au changement est connue, il est plus facile d'y remédier.

*****

*Elle comprend sans qu'il lui dise qu'il n'est pas d'accord avec le changement.*

*Il continue d'exécuter sa tâche comme avant sans utiliser le nouveau système en place.*

*Elle organise une rencontre avec lui, pour une franche discussion.*

*Elle écoute son opinion sans juger ni brusquer.*

*Pour des raisons qu'elle prend le temps de lui expliquer, elle lui fait comprendre que le changement est là pour de bon.*

*Elle insiste sur l'importance et l'utilité de son implication dans le processus de changement.*

*Elle fait le point avec lui afin de déterminer les éléments perturbants et déstabilisants.*

*Ensemble, ils identifient ce qui peut favoriser la transition, pour lui, et pour les autres.*

*****

L'arrivée de nouveaux propriétaires à l'entreprise est indéniablement un changement important. Ces entrepreneurs se retrouvent du jour au lendemain à la tête d'une organisation qu'ils n'ont pas créée. La mission, la culture d'entreprise, les employés et les pratiques d'affaires sont déjà en place. Certes, on peut penser que ces nouveaux entrepreneurs ont certainement des affinités avec l'entreprise achetée. C'est néanmoins un « choc », positif ou négatif, pour les parties prenantes. Il n'est alors pas surprenant de constater un certain mouvement de personnel au cours des semaines qui suivent un changement de chef. Certains employés peuvent avoir du mal à se positionner dans le nouveau contexte. C'est normal. D'autres employés peuvent tout simplement en profiter pour chercher d'autres défis ailleurs. Le changement de propriétaire étant un élément déclencheur. Lorsqu'on devient entrepreneur par l'acquisition d'une entreprise déjà existante, il faut s'y attendre. Il est donc habituellement recommandé de s'assurer de la collaboration des employés clés de l'entreprise, du moins pendant un certain temps, afin de favoriser la réussite du transfert.

*****

*Ils ont décidé de faire le saut et de s'acheter une pâtisserie.*

*Une clause de non-concurrence disant que le propriétaire actuel ne peut ouvrir une pâtisserie similaire dans un rayon de 50 km d'ici 5 ans figure au contrat.*

*En outre, ils ont fait le nécessaire pour que le chef pâtissier demeure en poste.*

*****

Le partage de l'information

L'entrepreneur doit faire en sorte que les personnes faisant partie de son équipe aient accès à l'information nécessaire à leur travail. Certains entrepreneurs sont très réticents à partager l'information alors que d'autres gèrent quasiment à livre ouvert. S'assurer de distribuer une information pertinente, pas plus, pas moins, est l'objectif à atteindre. D'une part, l'entrepreneur doit mettre en place un réseau de communication efficace pour que les échanges entre les membres de son équipe soient fluides et fonctionnels. Cela minimise l'incohérence dans les actions.

*****

*« Est-ce que la commande est prête?*
*Le transporteur sera là d'ici une heure. »*
*« Quoi? Quelle commande? On ne m'a rien dit! »*

*****

D'autre part, recevoir trop d'informations, en particulier lorsqu'elles ne sont pas requises par la tâche assignée, peut inutilement embrouiller le travail à effectuer. L'entrepreneur n'a pas l'obligation de tout divulguer à son entourage. Les états financiers de son entreprise, par exemple, lui appartiennent. Sa position de chef propriétaire lui accorde ce privilège. Une certaine réserve à l'égard des informations reliées à la rentabilité ou aux salaires, par exemple, est de mise. Pourquoi fournir des informations, de nature délicate de surcroît, qui ne sont ni demandées ni nécessaires?

Il faut également s'assurer que l'information qui circule est compréhensible pour ses utilisateurs. Les gens ne sont pas tous à l'aise avec des colonnes de chiffres ou l'analyse par graphique, par exemple. Pour fins d'efficacité, l'objectif de toute information à fournir doit être relevé. Il devient par la suite plus facile d'épurer ce qui est disponible pour ne garder que l'essentiel. Rédiger un sommaire faisant ressortir les points clés ou présenter les données de manière comparative facilite la compréhension et favorise les échanges. L'entrepreneur doit en outre s'assurer que les gens parlent le même langage. Les termes comptables ou les termes techniques ne sont pas nécessairement compris par tous. Prendre le temps de définir ce qui en est peut éviter bien des incompréhensions et des pertes de temps. Lorsque la personne qui s'occupe de la tenue des comptes ne comprend pas la nature du travail effectué par le mécanicien, par exemple, il y a risque d'erreurs.

**Protéger l'entreprise**

Il est parfaitement naturel de couvrir l'entreprise, de veiller sur elle. Protéger ce qui est et protéger ce qui pourrait être. Souscrire à des polices d'assurance adéquates et prendre des mesures, tels un système d'alarme ou une porte à verrouillage automatique, viennent facilement à l'esprit. S'assurer de faire sa part dans la protection physique des biens est un bon point de départ. Ajoutons-y également la protection de l'information. Les documents sur support papier et les fichiers informatisés doivent être adéquatement protégés. Qu'arriverait-il si les données étaient perdues? L'entreprise qui procède à la sauvegarde régulière et automatique du contenu de son système ne recommencerait pas de zéro. Le chef d'entreprise doit veiller à la mise en place d'un minimum de protection.

Au fur et à mesure de l'expansion de l'entreprise, l'entrepreneur doit apprendre à déléguer des tâches à autrui. Dans le contexte où le nombre d'opérations effectuées augmente, et que le temps de tout un chacun est limité, c'est un incontournable. Dès que l'on pense à la délégation de tâches, il faut songer à mettre en place des moyens accrus de protection. D'une part, l'entrepreneur doit s'assurer que les tâches sont effectuées correctement. Les remboursements aux clients, par exemple, doivent être exécutés conformément à la politique de retour. L'observation directe du travail de l'individu et l'examen régulier de la documentation permettent facilement de confirmer ce qui en est. Lorsque les activités comprennent des opérations similaires ou routinières, l'entrepreneur étudie régulièrement les documents-sommaires, par période. Il examine ainsi, par exemple, le rapport de ventes journalier ou hebdomadaire. Si nécessaire, pour fins de compréhension et de validation, il demandera des explications sur certains montants.

*****

*« Je viens de réaliser une bonne affaire. J'ai commandé tous les ingrédients nécessaires à la production des trois prochains mois. J'ai réussi à obtenir un rabais de quantité de 10 %! »*

...

*« Euh ... Et où va-t-on mettre tout ce stock? »*

*****

D'autre part, l'entrepreneur se garde normalement les tâches d'approbation. Dès que la situation est inhabituelle ou peu fréquente, que les montants sont importants ou que les conséquences deviennent significatives, l'entrepreneur se doit d'être impliqué. On remarque ainsi sa présence lorsqu'il s'agit d'autoriser des achats excédant un certain montant, de fixer la limite de crédit d'un nouveau client ou d'autoriser le paiement électronique des factures aux fournisseurs. Lorsqu'il laisse la liberté à ses employés d'agir en son nom, l'entrepreneur doit savoir qu'au final, c'est lui qui assumera toute erreur ou tout oubli. Jusqu'où va son seuil de tolérance? Cela varie d'une personne à l'autre. L'entrepreneur qui veille sur ses affaires doit planifier des tâches de supervision et d'autorisation, dans la mesure du raisonnable.

### Déléguer? Oui.  Surveiller? Oui.

En fait, la règle de base consiste à séparer les trois fonctions suivantes : l'accès aux actifs, l'autorisation de l'opération et l'enregistrement aux livres. La personne qui s'occupe de la remise de la paie, par exemple, ne doit pas être celle qui compile les heures de travail, pour ensuite comptabiliser les montants versés au journal des salaires. Le fait d'effectuer ces trois fonctions, dites incompatibles, placerait cette personne en position de dérober de l'argent (ou des biens). L'idéal est donc d'allouer les différentes tâches à des personnes différentes. Lorsque l'équipe est réduite, l'entrepreneur doit à tout le moins effectuer consciencieusement la tâche mitoyenne d'autorisation des opérations.

Les mesures de contrôle

Dans le mouvement de sa gestion, l'entrepreneur n'a pas le choix, à un moment ou un autre, de s'adjoindre l'aide d'autres personnes. L'attitude d'un chef consiste à faire ce qu'il faut, pour le mieux de l'entreprise. Cela ne signifie pas que l'entrepreneur est naïf. Faire confiance? Oui. Les yeux fermés? Non. L'abus d'employés envers une entreprise, qui est son employeur, existe. Il en est de même des clients ou des fournisseurs. Certaines personnes considèrent malheureusement que ce n'est pas grave de tromper ou de voler une entreprise. L'entrepreneur doit prendre en compte cette réalité afin de mettre en place des mesures de protection appropriées. Je privilégie personnellement la prévention par la minimisation des occasions et la sensibilisation. Cela me paraît plus simple que d'avoir à prendre une décision subséquente au détournement avoué de ce qui appartient à l'entreprise.

*****

*« Je dois faire une commande de fournitures, nous sommes à sec. »*

*« Déjà? »*

*« Cela arrive toujours à ce moment-ci de l'année. »*

*« Vraiment? »*

*« C'est la rentrée scolaire et je crois que certains se servent ici pour leurs enfants. »*

*****

Il n'est pas facile d'entrevoir à l'avance de quelles façons les actifs d'une entreprise peuvent être dérobés. Pour y arriver, l'entrepreneur peut retracer le cheminement des biens, en particulier de l'argent, pour fins d'identification des endroits les plus vulnérables. Comment exécute-t-on le débarquement des marchandises? et, la préparation des commandes? C'est en observant attentivement ce qui se passe que l'entrepreneur peut identifier où se situent les failles. Il existe d'ailleurs, à l'heure actuelle, un grand nombre de mesures simples et automatiques pouvant diminuer les pertes, volontaires ou non. Compter le nombre d'articles vendus ou reçus et le comparer au nombre inscrit sur la facture ou le bon de commande met au jour les divergences. Ou encore, un signal provenant de la caisse enregistreuse rappelle à l'employé qu'il est temps d'effectuer un dépôt. Lorsque des mesures de protection peuvent faire partie intégrante d'un système, il faut en soupeser l'utilité. Le réseau informatique doit être protégé par un pare-feu (*firewall*), par exemple, et l'accès aux informations confidentielles doit être protégé par un mot de passe. Et, les employés doivent être sensibilisés à ne pas le partager entre eux!

*****
*Il ne trouve pas les mots pour exprimer ce qu'il ressent.*

*N'eût été cette remarque entendue par hasard,
il ne s'en serait jamais douté.*

*Le commis à l'entrepôt dérobe régulièrement des
marchandises en stock pour les ramener chez lui.
Il les vend pour son bénéfice personnel sur Internet.*

*L'entrepreneur se rappelle lui avoir dit plusieurs fois
qu'il lui accordait sa pleine confiance.*
*****

Certains entrepreneurs ont parfois peur d'envenimer une relation ou d'avoir l'air de vouloir tout contrôler. Ils en viennent ainsi à négliger de jeter un regard sur les rapports comptables ou de prendre des actions pourtant nécessaires. En tant que chef, adopter une attitude de surveillance est indispensable. Lorsqu'on arrive à le faire de manière à ce que tout un chacun y voit une pratique normale, c'est encore mieux. L'entrepreneur doit s'assurer de couvrir les points critiques. Cela est d'autant plus important lorsque l'entreprise est dans une période de pointe ou dans une période de croissance. Lorsque tout le monde est fort occupé, qui remarquera les irrégularités ? Les mesures de contrôle sont alors essentielles.

En déférence au thème Être Chef, j'aimerais partager la réflexion suivante avec vous. Porter le flambeau est à la fois exigeant et gratifiant. Le caractère raisonnable et approprié des faits et gestes est l'objectif constant à atteindre. Faire la différence entre ce qui est récurrent et ce qui ne l'est pas. Faire preuve de bon sens en s'adaptant aux circonstances. Apprendre à demander – au lieu d'attendre que tout vienne à nous – et apprendre à recevoir – au lieu de se dire qu'on ne le mérite pas. L'ouverture favorise l'émergence de nouvelles situations qui deviennent alors des occasions de se démarquer et de se perfectionner. Devenir ce genre de chef est, à mon avis, l'une des principales motivations pour se lancer en affaires.

# ÊTRE ÉQUILIBRÉ

*« C'est rarement noir. C'est rarement blanc. C'est entre les deux. »*

# ÊTRE ÉQUILIBRÉ

Le sixième thème de ce volume concerne l'équilibre, soit l'atteinte d'un rapport d'harmonie. Pas trop, mais assez. Faire constamment face à la dualité est le fondement même de la vie. Être Équilibré signifie que l'on tient compte des comportements opposés afin de se placer dans une position juste. Je désire discuter des attitudes que je considère comme nécessaires au fonctionnement réussi d'une entreprise.

## Concilier vie privée et vie entrepreneuriale

C'est un grand défi. Par sa position, le chef d'une entreprise est largement et constamment sollicité. L'entrepreneur désire naturellement faire tout ce qu'il faut pour la réussite de son projet. C'est très compréhensible. Au fil des jours qui passent, il est facile de se laisser entraîner dans un tourbillon de tâches qui semblent pratiquement sans fin. Il arrive d'ailleurs que des entrepreneurs démarrent leur entreprise en gardant en même temps un emploi à temps plein. Ce sont des gens forts occupés, le soir et les fins de semaine. Nombre d'entrepreneurs vous diront qu'ils y mettent beaucoup de temps. Certaines nuits sont plutôt courtes, particulièrement lorsque beaucoup d'idées fourmillent dans la tête. Il faut l'admettre, en toute connaissance de cause, et s'assurer que ses proches sont au courant.

À mon avis, l'entrepreneur devrait à tout le moins se questionner sur les implications de diriger toute son énergie au même endroit. Il n'est pas nécessaire de penser ou de parler constamment de son entreprise pour qu'elle réussisse. Diversifions les activités.

*****

*Il a tout investi dans son entreprise. Ses économies. Son temps.*

*Elle a mis de côté beaucoup de choses pour son entreprise.*

*Ses loisirs. Sa famille.*

*Son projet ne lève pas comme prévu. Il a tout perdu.*

*Son projet est une réussite. Elle vend son entreprise avec profit.*

*Est-ce que tous ces sacrifices en valaient la peine?*

*****

Donner et Recevoir, en équilibre.

© Attitudes d'Entrepreneur

La diversification des champs d'intérêts

Je crois personnellement qu'il n'est jamais bon de tout concentrer au même endroit, de prendre le risque de tout perdre ou de tout gagner. Croire que la vie tourne uniquement autour d'un seul objectif ne me semble pas sain, quel qu'il soit. Une fois atteint, c'est le vide. Il m'apparaît préférable de diversifier ses activités et intérêts. Certains vont dire qu'ils n'agissent pas ainsi, que leur famille et leurs amis sont importants, et qu'ils ont des loisirs. Le dire et le faire – ou vouloir le faire – sont deux choses distinctes. Un entrepreneur souvent absent de la maison est certainement concerné par sa famille. Il dira même qu'il fait tout cela pour elle. Reste à voir si la famille est d'accord avec ce point de vue. Reste à voir s'ils ont été consultés. Reste à voir si le manque d'interaction entre eux n'effrite pas les relations au fil des semaines, voire des mois, qui passent. Il faut répartir son temps – et son argent – entre les différents aspects importants de sa vie. Certains se disent que c'est temporaire, que c'est seulement pour un temps. Peut-être, mais de nombreux entrepreneurs diront que c'est souvent plus long que prévu. Développons plutôt l'attitude de chercher l'équilibre en ne mettant pas tout ce qui est en dehors de l'entreprise de côté.

> À force de courir après la réussite,
> on risque de perdre de vue ce qui est important.
>
> Que restera-t-il lorsque le projet d'entreprise sera terminé?

Je crois personnellement que porter attention à sa santé physique et mentale est un atout certain à la réussite de l'entrepreneuriat. Esprit clair, corps sain. Certaines personnes sont tellement absorbées par leurs tâches qu'elles en oublient même de manger! Sauter un dîner fait peut-être gagner du temps, sur le coup. Couper ses heures de sommeil aussi. Tôt ou tard, c'est inévitable, le temps ainsi emprunté devra être remis. Chaque personne a sa propre façon de se changer les idées. Certains marchent ou font du vélo, certains pratiquent le yoga pendant que d'autres jouent au tennis. Certains s'isolent quelques minutes dans leur musique tous les jours ou font la sieste. D'autres s'entourent de leurs amis. Quelle que soit la façon de faire, l'entrepreneur doit s'assurer de l'intégrer dans son horaire. Il est trop facile de se dire quelque chose comme « Laissons tomber, juste pour aujourd'hui. » Lorsque l'entrepreneur s'éloigne de son entreprise, le temps de se ressourcer, il revient bien souvent au travail avec les idées plus claires. Lorsqu'une situation est difficile, s'en éloigner permet bien souvent de l'évaluer avec davantage d'objectivité au retour.

*****

*C'est la soirée de fête annuelle de l'entreprise.*

( Être Équilibré )

> *En tant qu'entrepreneur-directeur général, il s'y présente. Naturellement.*
> *Il ne ferme pas son cellulaire afin de répondre aux appels.*
> *Au milieu de la rencontre, il s'excuse de devoir quitter la fête, pour aller régler quelque chose avec un fournisseur.*
> *« Continuez sans moi. Amusez-vous bien! »*
>
> \*\*\*\*\*

Il n'y a aucun mal à dire qu'il est nécessaire de prendre des pauses et de s'accorder des vacances. Certains entrepreneurs croient qu'ils doivent s'investir 7 jours sur 7 et être disponibles 24 heures sur 24 pour que cela fonctionne. Ce n'est évidemment pas vrai. Tout être humain a besoin de repos. L'entrepreneur peut certainement arriver à concilier ses besoins personnels aux exigences propres à son entreprise et son secteur d'activités. Par sa position, l'entrepreneur sert d'exemple, qu'il le veuille ou non.

La séparation tangible

Afin de faciliter la conciliation des divers aspects de la vie, je suggère à l'entrepreneur de veiller à les séparer. Certaines façons de faire contribuent à la difficulté de se détacher de l'entreprise aux moments voulus. Apporter systématiquement le dossier du jour à la maison, par exemple, n'est pas une bonne idée. Partir en vacances avec le cellulaire de l'entreprise non plus. Être disponible au cas où… part d'une bonne intention, mais appelle aussi le dérangement. Prévoir une porte d'entrée distincte pour le salon d'esthétique situé au sous-sol préserve la vie privée. Il en est de même d'un numéro de téléphone, d'une adresse courriel ou du compte *Facebook*. C'est peu dispendieux et efficace. Cela facilite la différenciation des deux mondes.

> \*\*\*\*\*
>
> *Il est le propriétaire d'un petit restaurant exotique.*
> *Il est le chef cuisinier.*
> *Tous les étés, à la même période, il ferme complètement le restaurant.*
> *Ce sont les trois semaines les moins achalandées de l'année.*
> *C'est annoncé à l'avance et les clients réguliers le savent.*
>
> \*\*\*\*\*

Un autre aspect, fort important de surcroît, doit également être considéré. Du point de vue de la comptabilité et de l'administration, l'entreprise et son propriétaire doivent être distingués. L'entreprise a son existence propre. La première étape consiste à ouvrir un compte bancaire à son nom. Tout revenu ou toute dépense qui la concerne devrait d'abord passer par ce compte, pour un meilleur suivi. Tout virement du compte de l'entreprise au propriétaire, et vice versa, doit être documenté. Cela signifie aussi que tous les papiers (contrats, factures, soumissions, etc.) qui s'y rapportent sont conservés à part. Le nom de l'entreprise devrait apparaître sur chacun de ces documents. Les états financiers d'une entreprise contiennent donc uniquement ce qui la regarde. Le coût de la réparation du véhicule? Oui, si cette dépense est engagée pour gagner le revenu d'entreprise. Non, si c'est personnel. Au prorata, si cela sert les deux aspects. Il est préférable d'effectuer la démarcation au fur et à mesure. C'est plus simple lorsque la fin d'exercice ou la saison de l'impôt se pointe.

**Ne pas confondre faiblesse et respect**

*\*\*\*\*\**

*« Je suis venue te payer ce que je te dois. »*

*« Pourquoi n'es-tu pas venue avant?
La cause sera entendue demain à la cour! »*

*« Je ne pensais pas que tu te rendrais jusqu'au bout. »*

*\*\*\*\*\**

J'ai déjà mentionné croire qu'une attitude calme et posée contribue au mieux-être de l'entrepreneur et de son entourage. Se respecter et se faire respecter. Faire preuve de gentillesse est malheureusement parfois perçu comme étant une faiblesse de caractère. J'y vois plutôt la considération de la nature humaine. L'entrepreneur qui fait preuve d'écoute parviendra à mieux comprendre une situation. Celui qui fait preuve d'empathie pourra plus justement déterminer l'action à entreprendre. Respecter les différences chez les personnes rencontrées, en acceptant qu'elles ne soient pas parfaites, promet des relations plus gratifiantes. Cela ne signifie pas qu'il faut tout accepter sans rien dire ou sans rien faire. Cela signifie plutôt que la compréhension de ce qui se passe précède la parole et le geste. Il faut se questionner sur la position à prendre, puis s'affirmer.

Analyse éclairée → Action lucide

Les valeurs et principes fondamentaux de l'entrepreneur teintent le déroulement des activités d'une entreprise. Sa tolérance face au manque de respect au sein de l'équipe, sa détermination à faire respecter les politiques ou son indulgence face au vol marquent les positions. Lorsque la période permise pour le retour de marchandises est de 30 jours, l'application – ou non – de cette politique révèle la fermeté dans l'exécution. Si ce délai n'est pas appliqué, en quoi est-il utile? Faire preuve de respect signifie qu'il faut s'assurer que tout fonctionne conformément aux attentes, à ce qui a été établi. Quand doit-on congédier un employé? En quelles circonstances doit-on entreprendre des procédures juridiques pour faire valoir ses droits? Cela dépend, naturellement, du seuil de tolérance de l'entrepreneur. Jamais? Toujours? L'entrepreneur doit prendre le temps d'établir ce qu'il tolère et ce qu'il ne tolère pas, puis agir en conséquence. Pour son mieux-être, il prend des décisions réfléchies et appuyées, en harmonie avec ses valeurs.

*****

*La caméra de surveillance le montre clairement.*

*Cette employée se ravitaille en desserts glacés et en palettes de chocolat.*

*Elle consomme ce qu'elle prend sur place, puis fait disparaître les emballages.*

*C'est son premier emploi. Elle a 16 ans.*

*****

Le patron-ami

Je crois fondamentalement qu'il est préférable que l'entrepreneur-patron puisse garder une certaine distance avec les parties prenantes, en particulier les employés. Je crois naturellement, comme discuté précédemment, que toute relation doit se faire dans le respect. L'entrepreneur doit être en mesure d'intervenir afin de pouvoir mener à bon port son entreprise. Cela me paraît plus difficile lorsque les gens en place sont des amis côtoyés en dehors de l'entreprise. C'est faisable, mais difficile. Un ami se permet de donner son opinion, de critiquer, de commenter. Je n'ai rien contre l'argumentation ou la confrontation d'idées, dans une discussion franche et respectueuse. Un ami peut toutefois avoir l'impression qu'il bénéficie d'un privilège dans ses relations avec le patron et s'écarter du cadre habituel. Pour le maintien de sa crédibilité et de sa flexibilité de gestionnaire, je suggère à l'entrepreneur de ne pas chercher à développer des liens d'amitié avec les employés.

Distinguons relation amicale et amitié.

*****

*Ils sont encore ensemble, dans le bureau, la porte fermée.*

*Les autres employés se sentent exclus.*

*« À quoi cela servirait-il de lui dire qu'il prend de longues pauses et que la qualité de son travail laisse à désirer? »*
*Il trouvera toujours une excuse au comportement de « son ami ».*

\*\*\*\*\*

L'erreur ou le vol

Il y a une différence entre faire des oublis ou des erreurs et carrément prendre ce qui appartient à l'entreprise. Lorsqu'une personne est incapable de faire le travail, ce n'est généralement pas de manière délibérée. Il est vrai que l'entreprise peut subir des pertes à la suite d'un travail mal exécuté. Il est toutefois du ressort de l'entrepreneur de régler la situation par une formation, un changement de poste ou une mise à pied. La personne n'est pas nécessairement coupable de la situation. Lorsqu'une personne vole (ou fraude), c'est généralement de manière délibérée. L'intention de dérober autrui est claire et nette. Certains peuvent dire qu'ils ne savaient pas que c'était interdit (!) et d'autres peuvent se convaincre que ce n'est pas grave. Le fait demeure que c'est de l'appropriation de biens d'autrui. La motivation du comportement n'est pas la même. Une situation différente appelle une analyse différente, puis une action différente.

\*\*\*\*\*

*Les déficits de caisse sont plus importants pour lui que pour les autres employés.*

*Pourquoi? Il ne semble pourtant pas piger dans le tiroir-caisse.*

…

*C'est qu'il a de la difficulté à calculer la somme exacte à remettre au client lorsque celui-ci paie en argent comptant.*

*Il est gêné de prendre la calculatrice. Il se trompe fréquemment.*

\*\*\*\*\*

**Doser rationalité et intuition**

D'un côté, on ne peut pas tout expliquer rationnellement. Le sentiment que c'est le chemin à suivre, par exemple, est parfois très fort. L'intuition qu'on arrive au but aussi. Sentir qu'ils y parviendront, malgré les difficultés, est une situation que bon nombre d'entrepreneurs vivent. On ne peut également pas toujours expliquer d'où viennent ses idées. On se lève parfois un matin avec la solution à un problème datant de

Être Équilibré

quelques semaines. Démentir les pronostics n'est pas rare.

Chercher l'équilibre.

D'un autre côté, on ne peut pas avancer seulement de manière intuitive. La réalité exige la mise en place d'une structure de fonctionnement et de réalisation. Il faut, entre autres tenir compte des moyens à sa disposition, ainsi que des contraintes. Quelle que soit l'idée de départ, on ne peut pas aller très loin sans la mise en branle des actions nécessaires. S'évertuer à continuer coûte que coûte, alors que les chiffres montrent clairement que ce n'est pas une bonne idée, est inutile. Lorsqu'il s'agit de rencontrer les bailleurs de fonds, par exemple, il faut pouvoir justifier, avec conviction, le bien-fondé du projet. Construire un plan de mise en œuvre qui se tient est un outil indispensable.

*****

*Il se demande s'il doit offrir ce nouveau produit à sa clientèle.*
*Les prévisions de ventes ne semblent pas très prometteuses.*
*Elles permettent tout juste de couvrir les coûts.*
*Il croit toutefois sincèrement au bien-fondé de sa mise en marché.*

...

*Deux ans plus tard, ce produit est le meilleur vendeur.*

*****

Je désire essentiellement vous sensibiliser à faire preuve d'ouverture dans l'approche entrepreneuriale. Certaines personnes rejettent tout ce qui ne s'explique pas logiquement. Elles font fi de leur intuition ou de cette voix intérieure qui cherche à se faire entendre. L'entrepreneur peut ainsi manquer des opportunités ou passer outre aux avertissements. Lancer un nouveau produit ou un nouveau service sur le marché n'est jamais complètement sûr. Être convaincu de son succès, afin de faire ce qu'il faut pour réussir, m'apparaît essentiel. Sur un autre plan, certains entrepreneurs n'entendent pas les avertissements à la prudence. Ils peuvent ainsi forcer l'action malgré leur sentiment d'inconfort vis-à-vis d'elle.

*****

*Elle a l'impression qu'elle se trompe.*
*Elle n'arrive pas à l'expliquer et le malaise persiste.*
*C'est une sensation désagréable.*
*Elle décide d'attendre avant de prendre sa décision.*

...

*Deux jours plus tard, une bien meilleure offre lui est présentée.*

*L'accepter lui procure la sensation de faire ce qu'il faut.*
*Les choses se mettent en place plus facilement, et plus naturellement.*

*****

Faire confiance à son intuition n'est pas toujours facile à faire. La pensée intuitive peut rapidement être recouverte par la pensée rationnelle. Face à une quelconque décision, j'essaie personnellement de prendre du recul afin de permettre le dégagement de la réponse. J'exprime clairement la demande et je laisse mûrir. Puis, je me change les idées en travaillant sur un autre dossier ou en pratiquant une quelconque activité. Se libérer l'esprit facilite l'émergence de l'intuition. Ou encore, je me pose la question au moment où je suis le plus en forme, quand je suis en pleine possession de mes moyens. Lorsque j'envisage la situation, quelle est l'option qui arrive en premier, qui paraît la meilleure et avec laquelle je me sens le plus à l'aise? Lorsque c'est la même réponse qui revient, et qu'elle est claire, cela trace le chemin. Entendons-nous bien, je ne suis pas en train de dire qu'il faut uniquement se fier à son intuition. Une analyse adéquate a toujours sa place. Je dis tout simplement qu'il faut « aussi » se fier à son intuition. Qu'est-ce qui vient de l'intérieur, qui s'inscrit aisément dans ce qu'on est, et qui paraît le meilleur?

Recourir à l'intuition favorise l'équilibre dans l'action.

## Les désirs et la réalité

Vouloir et Avoir sont deux choses différentes. Si le fait de désirer fortement quelque chose en amenait la réalisation, le monde serait différent. Ce n'est pas le cas. Certes, désirer assister à la réussite de son projet d'entreprise est une attitude qui porte. Il arrive d'ailleurs régulièrement qu'un projet voit le jour grâce à la ténacité de l'entrepreneur. Sa volonté et sa détermination l'amenant au-delà des limites. Il arrive par contre qu'un entrepreneur manque de réalisme quant à ce qu'il peut faire. Se dire, par exemple, que le marché américain sera rapidement percé ou qu'on réussira à se faire accorder l'exception voulue peut mener à de vives déceptions. Une plaidoirie convaincante est une chose, obtenir ce que l'on désire en est une autre. Pousser sur une porte fermée demande de l'énergie. Assurons-nous que cela en vaille la peine.

*****

« *Nous sommes extrêmement déçues. On s'est pourtant battues très fort.*
*Nous voulions tellement que ce soit à cet endroit-là.* »

Être Équilibré

> ...
> *Oui, mais l'acquisition de cet emplacement pour y construire un centre de la petite enfance était une idée vouée à l'échec dès le départ.*
> *On ne peut pas si facilement supprimer le zonage d'une terre agricole.*

\*\*\*\*\*

Lorsqu'il évalue les éléments à sa disposition, l'entrepreneur doit le faire avec objectivité, sans parti pris. D'un côté, il faut se garder de donner aux informations un sens qu'elles n'ont pas et, de l'autre côté, il faut éviter de ne regarder que celles qui confirment une idée déjà toute faite. Supposons que l'étude de marché mentionne que le potentiel de ventes se situe entre 100 000 $ et 125 000 $, par exemple. L'entrepreneur doit comprendre que le montant réel pourrait être le chiffre le plus bas, soit 100 000 $, ou le chiffre le plus élevé, soit 125 000 $, ou quelque part entre les deux. Il y a même une petite chance que la réalité soit différente, pour se situer en dehors de cet intervalle. Celui qui désire ardemment la réalisation de son projet pourrait n'y voir que le chiffre de 125 000 $ sans accorder suffisamment d'attention à la possibilité que le résultat réel puisse être inférieur. Dans le contexte où les coûts à encourir sont d'environ 110 000 $, par exemple, cela fait une différence.

\*\*\*\*\*

> *Elle débute toujours ses journées dans la bonne humeur.*
> *Elle dresse, chaque matin, une « liste de choses à faire ».*
> *Des imprévues surviennent.*
> *Elle sous-évalue constamment le temps requis pour exécuter une tâche.*
> *Un employé lui demande ceci, une cliente requiert cela, etc.*
> *Elle termine fréquemment ses journées dans la mauvaise humeur.*
> *Elle n'arrive jamais à faire tout ce qu'elle avait planifié le matin.*

\*\*\*\*\*

## Les influences

L'entrepreneur, comme tout être humain, a des sentiments. Il vit des émotions. C'est parfaitement normal. Cela fait partie intégrante de la vie et cela contribue à définir la personnalité d'une personne. Il m'apparaît utopique de croire, malgré ce qui est parfois véhiculé, que l'entrepreneur est une personne toujours sûre d'elle et toujours en contrôle de ses moyens. Par moment? Certainement. Toujours? Je ne pense pas. Je crois personnellement que l'entrepreneur doit prendre conscience qu'il subit plusieurs influences émotionnelles. Ce n'est pas nécessairement bon ni mauvais. L'important, à mon avis, est de réaliser que de telles influences existent et que cela peut altérer la façon de vivre ou de voir une situation. Un amalgame unique de traits moraux et physiques forme la personnalité de chaque individu.

Les émotions fortes

Je suggère à l'entrepreneur de se garder de parler, d'écrire ou d'agir sous le coup de fortes émotions. Exprimer ouvertement sa frustration, sa colère ou son impatience ne fait pas vraiment avancer les choses. Cela bouscule l'environnement et attire l'attention, mais l'impression qui subsiste au-delà du moment présent est rarement positive. J'ajoute aussi l'euphorie, la joie et l'enthousiasme. Bien qu'être joyeux, par exemple, est une bonne chose en soi, il faut comprendre que cela influence le comportement. Un entrepreneur qui arrive au bureau, dans la félicité d'avoir appris la naissance de sa nièce, ne sera peut-être pas apte à négocier avantageusement un contrat. Certes, ressentir des émotions ne fait pas nécessairement perdre la possession de ses moyens. L'entrepreneur s'assurera toutefois de ne pas être déséquilibré outre mesure par de fortes émotions. Garder son contrôle, être objectif et rester centré.

*****

*Quand il relit son courriel de la veille, il n'en est pas très fier.*

*Il est conscient que le ton est assez agressif.*
*Il s'est laissé submerger par ses émotions. Ce n'est pas la première fois.*

*Il est responsable de ce qu'il écrit, et se rend bien compte que ses relations avec le destinataire en seront probablement affectées.*

*Il va devoir tempérer ses propos, voire s'excuser, par souci d'honnêteté.*

*Par conséquent, il analyse sa réaction de la veille pour se rendre compte que ce genre de comportement survient généralement vers la fin de la journée.*

*En tant que chef d'entreprise, il sait que la cohésion de son équipe est un facteur clé de succès.*

*Dans l'objectif de viser l'équilibre, il se questionne sur les moyens à prendre pour éviter ce genre de situation.*

*Pour l'instant, il se garde de réagir vivement aux divers stimuli de l'environnement, particulièrement après 15 h.*

*****

Il est très difficile, sur le coup d'une forte émotion, telle que la colère, la honte ou l'agressivité, de se contrôler. Certaines personnes vont d'ailleurs avouer être incapable de s'en empêcher. Lorsqu'une période plus calme se pointe, il faut faire preuve de lucidité et revoir le déroulement de ce qui s'est passé. Pourquoi avoir agi ainsi? Faire comme si cela n'était jamais arrivé ne règle certainement pas le problème, cela le retarde et l'amplifie. Faire comme si de rien n'était n'est pas mieux. Allons chercher de l'aide extérieure s'il le faut. Trouver la source ou les éléments déclencheurs de certains comportements est déjà un bon point de départ. Arrive ensuite la recherche de moyens pour aider à minimiser ou désamorcer de telles situations. Il faut prendre le temps de se connaître.

Ce n'est pas le fait de commettre des erreurs qui est dommage,

c'est le fait de ne pas chercher à les éviter par la suite.

La fatigue peut influencer la qualité du travail de toute personne. Ressentir une certaine difficulté à se concentrer ou à continuer ses activités au même rythme survient à différents moments dans la journée, à divers degrés. Il est fréquent de faire fi de ce ressenti et de persévérer dans l'objectif d'avancer ce qui doit être fait. Pour un entrepreneur, la tentation de travailler plus de 40 heures semaine est très forte. Il y a toujours quelque chose à faire. Il doit donc formellement s'arrêter pour prendre du repos, puis reprendre le travail plus tard. Il lui est certainement difficile de couper un travail en continu. Lorsqu'une certaine lassitude s'installe, lorsqu'on constate la présence d'erreurs inhabituelles ou lorsque la prise de décision semble plus compliquée que d'habitude, il est peut-être temps de faire un arrêt. J'évite personnellement de prendre une décision lorsque je suis fatiguée. C'est d'ailleurs beaucoup plus difficile dans ces circonstances puisque les arguments pour et les arguments contre se chevauchent continuellement. Pencher d'un bord au point de pratiquement annoncer la décision finale, pour repencher de l'autre bord et changer complètement d'avis, est un phénomène fréquent. La meilleure option ayant beaucoup de difficulté à émerger. Attendons un meilleur moment. Effectuons plutôt des activités récurrentes ou moins exigeantes dans l'intervalle.

*****

*Depuis des années, il fixe lui-même les rencontres avec ses clients.*

*C'est plus simple, et cela fonctionne très bien.*

*Aujourd'hui, il est très surpris de voir arriver ce client-là.*

*Il regarde son agenda, deux fois plutôt qu'une, et ne voit pas son nom dans la liste des rendez-vous de la journée.*

*Il fouille dans ses textos et se rend bien compte que c'est son erreur.*

*Il a tout simplement oublié de l'écrire dans son agenda.*
*Cela ne lui était jamais arrivé!*

\*\*\*\*\*

Le regard des autres

Une chose est claire, nous ne pouvons pas empêcher les gens de penser ce qu'ils veulent. Les gens commentent? Constamment. Les gens jugent? Un peu trop souvent. Et, naturellement, l'entrepreneur et son entreprise en sont régulièrement la cible. Il serait, à mon avis, illusoire de croire que les commentaires des autres ne nous affectent jamais. En fait, je crois que cela survient lorsqu'une phrase entendue touche un point sensible. Un entrepreneur incertain quant au volume de ventes à venir sera plus facilement ébranlé dans ses convictions s'il entend la phrase suivante : « Tu perds ton temps, il n'y a pas de marché pour cela. ». Il faut apprendre à se détacher du regard des autres en puisant notre force et la valorisation de nos actions autre part. Ce que les autres pensent ou disent ne définit pas qui nous sommes. Pour passer outre, je me dis tout simplement que la source d'une critique ou d'un commentaire ne vient pas de moi, mais de l'autre.

\*\*\*\*\*

*« Tu as une entreprise, toi. On sait bien que tu t'en mets plein les poches.*
*Tu es riche, alors tu peux bien payer pour moi. »*

\*\*\*\*\*

### Ne pas confondre confiance et arrogance

Être confiant quant à la valeur de ce que l'on fait m'apparaît indispensable à l'avancement de tout projet. Le chemin n'est pas nécessairement exempt de doutes, de remises en question ou de réévaluations, mais il se dirige consciencieusement dans la direction voulue. Être persuadé du bien-fondé de son entreprise et croire en son produit permet certainement à l'entrepreneur d'être convaincant face à toute partie prenante. Dans sa conviction confiante, il inspire les autres à se joindre à lui dans la réalisation de son projet. Comme pour beaucoup de choses, la ligne est mince entre la démonstration d'une confiance juste et honnête et la sur-confiance en soi. Être trop confiant entraîne parfois un comportement inadéquat qui ne sert pas l'objectif. Une décision peut ainsi être prise trop rapidement, sans analyse suffisante. L'entrepreneur pourrait tout simplement dire « Écoutez-moi, je sais de quoi je parle. », ou encore, « Pas besoin de

Être Équilibré

preuves puisque je vous le dis! ». Un autre pourrait, par exemple, exagérer avec emphase les qualités de ce qu'il propose au point d'en arriver à perdre sa crédibilité.

*****

> *« Je suis le propriétaire de la plus grosse entreprise de la ville. J'ai gagné le prix du Meilleur entrepreneur de la région l'an dernier. Je fournis de l'emploi à 11 personnes. Suis-je obligé d'attendre en file pour avoir une place dans ton restaurant? »*
>
> *!*

*****

Le revers de la réussite

Réussir à atteindre ses objectifs rehausse la confiance en soi. C'est à la base fondamentalement correct. Il arrive toutefois que le succès (ou l'insuccès qui sera abordé un peu plus loin) biaise la manière dont une personne se perçoit elle-même. Cela est d'autant plus intense lorsque l'aspect financier suit le même tracé. Quand un entrepreneur voit son projet réussir et générer de forts bénéfices, il risque d'en être affecté. Être valorisé par la réussite? Bien sûr. Se sentir plus fort? À nuancer. Réussir, au-delà des espérances de surcroît, permet souvent à l'entreprise de développer de nouveaux horizons ou de prendre de l'expansion.

>Savoir accepter avec reconnaissance.

Se croire le seul et unique responsable d'un succès me paraît toutefois présomptueux. De nombreuses parties prenantes ainsi qu'un amalgame d'événements créent le succès. L'entrepreneur se gardera d'en venir à se surestimer. Faire preuve de suffisance en s'accordant à soi-même une valeur trop élevée entrave l'interaction avec les autres. Qui aura le courage d'obstiner ou de remettre en cause les arguments du patron? Faire preuve de condescendance est également une attitude qui guette la personne ayant favorablement réussi. Se penser supérieur à autrui nuit à la qualité des relations. Peut-on compter sur l'esprit d'équipe lorsque l'un de ses membres adopte une attitude hautaine?

>Avoir plus d'argent ne fait pas de moi une meilleure personne.
>
>Savoir rester humble dans la réussite.

*****

> *« Bonjour, je suis la secrétaire de ..., j'ai besoin de parler au directeur. »*

*« Il est occupé pour l'instant. Puis-je prendre le message? »*

*...*

*« Bonjour, je suis la propriétaire de ..., j'ai besoin de parler au directeur. »*

*« Bien sûr, je vous mets immédiatement en communication. »*

*****

L'entrepreneur qui fait preuve de reconnaissance envers ce qui lui arrive m'apparaît davantage susceptible de faire la juste part des choses. Lorsqu'on comprend que le succès d'un projet ne dépend pas des efforts d'une seule et même personne, c'est prometteur. Plusieurs parties prenantes contribuent, de près ou de loin, à la réalisation d'un projet. Lorsqu'on réalise également que la réussite exige la présence de circonstances qui en favorise l'émergence, c'est encore mieux. Être à la bonne place au bon moment ne me paraît pas une utopie. Certains projets, pourtant très corrects, n'aboutissent tout simplement pas, comme si leur moment n'était pas arrivé. Dans l'objectif d'une perception adéquate de ce qui est, je suggère à l'entrepreneur d'examiner la situation en établissant une certaine distance entre son entreprise et lui-même. Qui et Quoi, une fois mis ensemble, ont contribué à la réalisation de ce projet?

Dans l'équilibre, l'être humain favorise la réussite.

## L'orgueil

À mon avis, l'orgueil est l'un des sentiments qui causent le plus de dommages aux relations interpersonnelles. Il se manifeste de plusieurs façons. Il amène certaines personnes à camoufler leurs erreurs, à cacher la vérité. Il en amène d'autres à vouloir insister pour avoir raison, à avoir gain de cause coûte que coûte. On peut d'ailleurs facilement insulter ces personnes en remettant en question, ne serait-ce que légèrement, leurs idées ou leur travail. Parce qu'il aime se montrer meilleur que les autres, l'orgueilleux en vient souvent à pousser un débat dans une direction qui n'est pas la meilleure ni la plus utile. Souvent pour lui, pour son ego. Pas nécessairement pour le mieux-être de l'entreprise et des parties impliquées. L'orgueil altère la perception objective de ce qui se passe. Au lieu de tout simplement accepter une situation telle qu'elle est, la personne orgueilleuse crée une problématique plus accrue que nécessaire. Lorsque le fait d'avoir raison devient plus important que la raison elle-même, il faut y voir un signal de s'interroger sur les motivations et le comportement.

\*\*\*\*\*

*Elle a diffusé l'information beaucoup trop vite.*

*Elle n'a pas bien lu le mémo et s'est trompée de date.*

*Elle insiste alors pour devancer la date de mise en marché en présentant maints arguments justificatifs.*

*Elle en vient même à dire que c'est de la faute de son adjoint.*

*Ce n'est pas vrai, mais qui osera la contredire?*

*Elle ne permet pas à son adjoint de répliquer.*

*« Tu ne te souviens jamais de rien. Une chance que je suis là! », lui lance-t-elle.*

*Elle a fondamentalement peur des conséquences d'avoir fait une erreur.*

*Elle a fondamentalement peur de paraître incompétente.*

*Et puis, est-ce vraiment bien, pour l'entreprise, de devancer la date de mise en marché?*

\*\*\*\*\*

Toute activité devrait aboutir sur ce qui est le mieux pour l'entreprise dans son ensemble. Cet objectif constant et ultime diffère régulièrement des objectifs individuels des diverses parties prenantes. Ce qui est préférable pour l'un ne l'est peut-être pas pour l'autre. L'entrepreneur doit réaliser que toute disparité dans les buts crée des interférences à la saine gestion. Lorsqu'il remarque, chez lui ou chez les autres, qu'il en est ainsi, il doit trouver le moyen de corriger le tir. Un employé qui insiste énormément pour faire prévaloir son point de vue n'a pas nécessairement raison. On pourrait même parfois dire le contraire. Mettons en place des mécanismes qui favorisent les échanges cordiaux. Utilisons des informations fiables et objectives.

… et la jalousie

Le sentiment de ne pas recevoir ce à quoi l'on estime avoir droit pendant que quelqu'un d'autre le reçoit cause également beaucoup de dommages. La jalousie ronge; elle crée des tensions internes et externes. Le sentiment d'être la victime d'une injustice ou la crainte de perdre ce que l'on a au profit d'un autre – identifié comme étant quelqu'un qui ne le mérite pas – mène au mal-être. Ce n'est pas évident, pour un entrepreneur, de constater qu'il souffre de jalousie ou qu'il en est l'objet. Encore une fois, reconnaître l'existence de la problématique est déjà un bon pas. Celui qui est envieux de son voisin pourrait essayer de voir en l'autre un modèle plutôt qu'un rival. Examiner ce qu'il fait, pour l'imiter ou même faire mieux, est un objectif qui a le mérite d'être positif. C'est plus constructif et moins frustrant que de passer son temps à critiquer. Celui qui fait l'objet de la jalousie devrait à tout le moins éviter de provoquer l'autre partie en exhibant impunément ce qui est convoité. Autant que faire se peut, l'objectif est de calmer les esprits, dans le respect mutuel.

\*\*\*\*\*

*Son principal concurrent vient de s'acheter un tout nouveau tracteur de déneigement.*

*Ultime confort dans la spacieuse cabine avec une grande surface vitrée.*

*« S'il peut se l'acheter, moi aussi. », se dit-il.*

*…*

*Oui, mais ce concurrent vient d'obtenir le contrat de déneigement du centre commercial.*

\*\*\*\*\*


Les faits et les opinions

Un fait est un fait. On peut voir ou prouver ce qui en est, avec objectivité. Nous pouvons considérer que c'est « habituellement » incontestable. Une opinion est un jugement. Que pensons-nous des faits? Autant de gens, autant d'opinions. L'opinion est teintée de subjectivité puisqu'elle varie en fonction de plusieurs facteurs, telle la personnalité d'une personne. Les gens ne pensent pas tous de la même manière. Même s'il est parfois difficile de les distinguer, l'entrepreneur doit faire la différence entre un fait et une opinion. L'opinion, par sa définition même, peut être biaisée de bien des façons. Un employé qui préfère le thé au café sera facilement d'avis qu'il est temps d'offrir davantage de variétés de thé, quitte à réduire la taille du présentoir de café. C'est peut-être une bonne idée, mais peut-être pas. Malgré le discours convaincu de l'employé, il faut s'assurer que toute opinion a quelque fondement solide, pour le bien de l'entreprise.

\*\*\*\*\*

*« Il paraît que les fonctionnalités de base seront plus nombreuses avec le modèle de l'an prochain. »*

*« Ah oui? Comment le sais-tu? »*

*« J'en suis certain. Je le sens. Ils n'ont pas d'autre choix s'ils veulent demeurer concurrentiels. »*

*« Attendons de recevoir la documentation officielle du fabricant avant de l'annoncer à nos clients. »*

\*\*\*\*\*

Être Équilibré

Preuve ordinaire ou Rumeur?

**Savoir quand et comment bouger**

Le déroulement des activités d'une entreprise n'est certainement pas linéaire. On élabore un plan de mise en œuvre, on planifie diverses étapes, puis on passe à l'action. Bref, on part d'une bonne intention. La réalité, quant à elle, peut certainement être différente. Les événements ne se présentent pas tous de la manière prévue; d'ailleurs pas toujours au moment où on les attend. La rencontre de difficultés et d'obstacles ou l'arrivée impromptue d'une nouvelle favorable font partie intégrante de la réalisation de tout projet. Les remises en question et les ajustements aussi. Plusieurs entrepreneurs vous diront que leur projet initial a subi de nombreuses modifications au fil du temps. Lorsqu'il se trouve devant une situation différente de celle à laquelle il s'attendait, le premier réflexe de l'être humain est souvent de maugréer.

*****
*« Ça ne marche pas.*
*Ce contact, pourtant prometteur, n'est pas au rendez-vous.*
*Que va-t-on faire? On n'a pas prévu de plan B. »*
*****


L'acceptation des événements

Avoir envie de protester, du moins dans sa tête, contre les événements indésirables qui surviennent est parfaitement normal. L'entrepreneur qui prend du recul pourra néanmoins reconnaître que c'est parfois une bonne chose. L'ajout d'une contrainte, par exemple, permet parfois la création d'un produit de meilleure qualité. Les informations supplémentaires requises par le bailleur de fonds permettent parfois de mieux préciser le projet. De manière générale, les imprévus retardent la réalisation d'un projet. Comme les entrepreneurs ont souvent hâte que leur projet aboutisse, c'est une situation difficile pour eux. Faire preuve de patience, lorsque la rapidité de l'action est perçue comme étant indispensable, est un réel défi dans la recherche de l'équilibre.

*****
*Elle vient de lui faire une proposition pour acheter son camion de livraison.*
*Elle lui laisse 24 heures pour lui rendre réponse.*
*Entre-temps, elle continue ses recherches.*

© Attitudes d'Entrepreneur

*Elle trouve un autre camion qui ferait aussi l'affaire.*

*Elle rappelle le premier vendeur et exige qu'il lui rende une réponse immédiate.*

\*\*\*\*\*

Je suis d'avis qu'il faut laisser le temps faire ce qu'il peut faire. Pourquoi s'offusquer lorsqu'une personne ne répond pas à son courriel dans l'heure, voire la minute, qui suit? Une réponse obtenue rapidement n'est pas nécessairement la meilleure. Il m'apparaît aussi inutile de bousculer une période de réflexion librement accordée. Lorsque des dates sont prévues au calendrier, en tenir compte est la moindre des choses. Un entrepreneur qui appelle tous les jours pour savoir si sa soumission sera retenue perd son temps, du moins tant que la date butoir n'est pas arrivée. Une personne qui vient de signer un contrat de rénovation avec un entrepreneur en construction ne devrait naturellement pas requérir par la suite une soumission d'un autre constructeur. Certaines personnes font parfois les choses en désordre. Il y a un temps pour la recherche d'informations, un temps pour la décision, puis un temps pour l'action. Dans cet ordre.

Un ralentissement dans l'avancement d'un projet n'est pas automatiquement néfaste. Lorsque cela survient, je suggère à l'entrepreneur de prendre le temps de se questionner, de faire le point. Les choses arrivent souvent pour une bonne raison. Pourquoi est-ce que cette avenue ne débloque pas? Pourquoi tant d'embûches? Pourquoi n'arrive-t-on pas à solutionner ce problème? La recherche de la réponse peut parfois permettre une réévaluation des façons de faire, voire de l'objectif lui-même. Ce n'est pas aisé ni évident, mais faire l'effort de se questionner vaut souvent la peine. Lorsqu'aucune réponse ne vient, je suggère d'attendre. Il faut croire qu'une idée sera dite ou qu'un événement surviendra afin de permettre l'éclaircissement de la situation.

\*\*\*\*\*

*Il est très emballé par son projet, voire euphorique.*

*Il a rapidement débuté la recherche de clients, puis signé des contrats.*

*Les choses avancent vite, mais jamais assez à son goût.*

*Il parle de son projet avec animation!*

*Les personnes intéressées sont nombreuses.*

*…*

*Pendant ce temps, le développement du produit stagne.*

*Les progrès sont lents, plus lents que prévu.*

Être Équilibré

*Le produit n'a pas encore fait ses preuves.*
*Ils en viennent à développer un concept légèrement différent.*
*Le produit ne correspond pas vraiment à ce qui a été initialement présenté aux clients.*
*Les personnes précédemment intéressées se désistent.*

\*\*\*\*\*

Savoir quand saisir l'occasion ou attendre que les choses se tassent n'est certainement pas évident. Savoir quand y aller avec douceur ou quand bousculer les choses non plus. Je dirais qu'il faut un minimum d'organisation afin d'entrevoir l'ordonnancement des étapes de tout projet. Certaines personnes ne voient que la finalité sans prendre le temps de vivre chaque pas les y menant. Trop vite et trop tôt. Prendre le temps de segmenter le projet en étapes, même si elles sont réévaluées plus tard, permet une prise en compte plus réaliste de ce qui est à faire. D'autres personnes avancent avec une grande prudence, au point où elles peuvent passer à côté d'occasions favorables. Elles attendent toujours mieux. Trop lent et trop long. Qu'attends-tu pour signer ce bail et te lancer en affaires? Quand les options sont claires et analysées, il est temps de prendre une décision réfléchie.

L'atteinte du but

A priori, dans la planification d'un projet, ce qu'il convient de faire (qui, quoi, quand, combien) est considéré comme étant le meilleur dans les circonstances. Il ne faudra naturellement pas se surprendre de constater, en cours d'exécution, que la réalité diffère de la prévision. Certaines personnes, face à un obstacle, insistent pour le traverser coûte que coûte. Un bailleur de fonds, par exemple, peut refuser de prime abord la demande de financement. L'entrepreneur doit alors évaluer s'il doit modifier sa demande ou aller chercher ailleurs. Est-ce une fin de non-recevoir? Faire preuve de sagesse consiste parfois à comprendre qu'il n'y a rien à faire. L'entrepreneur doit alors déterminer s'il faut plutôt contourner l'obstacle pour arriver au même but. Trouver d'autres chemins fait partie de la motivation entrepreneuriale.

Oui? Peut-être? Possible? ou Jamais?

\*\*\*\*\*

*Ils ont de plus en plus de difficulté à obtenir cet ingrédient.*
*Sa texture particulière explique le succès de leurs produits.*
*Ils se lancent à la recherche d'un ingrédient de substitution.*

*Ils n'en trouvent point.*

*Leur seule solution? Transformer le produit brut eux-mêmes.*

*L'un d'entre eux suit la formation nécessaire.
Ils achètent l'équipement spécialisé et exécutent plusieurs tests
afin d'arriver à produire exactement ce dont ils ont besoin.*

*Ils achètent maintenant le produit brut, amplement disponible sur le
marché, puis procèdent eux-mêmes à sa transformation.*

*Ils songent maintenant à développer des produits dérivés.*

\*\*\*\*\*

Lorsqu'il agit, l'entrepreneur désire assurément atteindre ses objectifs. La vie courante de l'entreprise est remplie de moments qui nécessitent son attention. Face à une situation donnée, on doit choisir le moyen qui semble le plus approprié. Ce moyen est parfois clair et direct, mais parfois pas. L'entrepreneur doit juger la situation en fonction de nombreuses variables, puis bouger, parfois subtilement. Supposons qu'un entrepreneur se rend compte que certaines personnes pigent de menues sommes dans la petite caisse. Il peut certes accuser ouvertement l'un de ses employés ou tout simplement placer la petite caisse dans un tiroir barré et en attribuer la responsabilité à une personne de confiance. Quel que soit le moyen utilisé, le but est atteint. Le deuxième moyen règle le problème, mais ne permettra pas d'identifier la personne qui a dérobé. Est-ce si important? Puisque la petite caisse est dorénavant protégée, et que les montants en cause étaient minimes, ce ne l'est probablement pas.

Il y a différents moyens d'atteindre le même but.

Les conséquences du moyen choisi ne sont toutefois pas les mêmes.

### Balancer les comptes

La gestion des comptes fait partie intégrante de l'exploitation de toute entreprise qui démarre, existe et croît. L'entreprise dispose et bénéficie de ressources (humaines, financières et matérielles), somme toute limitées. L'aspect financier est très souvent considéré comme étant un aspect des plus critiques. En effet, le manque de liquidités ou de capitaux est l'un des plus grands obstacles à la création et la croissance de la plupart des entreprises. L'entrepreneur doit absolument surveiller l'évolution de ses finances ou obtenir de l'aide pour le faire. Il faut trouver les capitaux, puis les utiliser judicieusement. Et, bien évidemment, cela va au-delà de la simple tenue des comptes où le total des débits égale le total des crédits.

Être Équilibré

Le décalage entre les sorties et les rentrées

L'une des caractéristiques fondamentales du fonctionnement des opérations d'une entreprise est le décalage perpétuel entre les sorties et les rentrées de fonds. Les rentrées arrivent toujours après, ou presque. On doit généralement payer les marchandises achetées de son fournisseur avant de pouvoir encaisser le produit de la vente de celles-ci à ses propres clients. Ce sont des opérations courantes. Leur nature répétitive exige habituellement le recours au financement par marge de crédit d'exploitation. Question d'appariement.

\*\*\*\*\*

*Leur demande d'aide gouvernementale est acceptée!*
*Afin de l'obtenir, ils doivent remplir une demande de réclamation.*
*Celle-ci doit contenir la description des dépenses effectuées, ainsi que la preuve que les factures ont été payées.*
*Dans l'intervalle, ils financent les déboursés avec une marge de crédit flexible.*

\*\*\*\*\*

Lorsqu'on parle d'investissement, on réfère à l'acquisition de biens qui ont une durée de vie excédant un an. Les avantages de l'usage de ces biens s'étendent donc sur plusieurs années. Outre leur coût initial, l'entrepreneur doit considérer les frais accessoires, tels l'ajout d'options et les frais de livraison. Le total des coûts fait habituellement l'objet d'un financement où le remboursement se fera sur plusieurs années. Question d'appariement. Il faut toutefois comprendre que les bailleurs de fonds conventionnels prêtent rarement la totalité des coûts d'investissement. Ils se gardent une certaine marge de manœuvre, compte tenu de la garantie désirée. On dit ainsi qu'un pourcentage variant de 75 % (le plus courant) à 85 % (plus rarement) de la valeur d'un immeuble pourra être avancé à titre d'emprunt hypothécaire.

Nombre d'entrepreneurs constatent que les nécessités sont plus grandes que ce qu'ils avaient prévu. Ou encore, certains dépensent les sommes reçues autrement que pour les fins prévues. La planification est indispensable afin de ne pas compromettre le déroulement des activités de nature courante. Rien de nécessairement compliqué; un budget sous forme de tableau peut très bien faire l'affaire. Il faut en outre pouvoir compter sur une bonne communication entre les diverses personnes à même de dépenser l'argent disponible.

\*\*\*\*\*

*« Comment se fait-il qu'il ne reste que ...$ dans le compte? »*

> « C'est que j'ai payé la publicité la semaine dernière. »
> « Comment vais-je faire pour payer le vendeur d'outils? »

*****

Lorsqu'il cherche du financement à son projet, l'entrepreneur doit déterminer la nature de ses différents besoins afin d'aller chercher les sources de fonds appropriées. Il doit être au fait de la situation afin de s'assurer qu'il dispose de l'argent nécessaire au bon moment. On ne peut dépenser sans compter. Dans le processus d'obtention d'un prêt, bon nombre de personnes se concentrent essentiellement sur le montant à obtenir. Elles ne portent ainsi pas suffisamment attention aux conditions de remboursement. C'est plus loin des considérations immédiates et donc facilement mis de côté. Lors des entretiens avec le bailleur de fonds, prenons le temps de discuter des modalités. Pour un entrepreneur, la flexibilité et la capacité de remboursement sont des éléments importants. Certaines personnes ne veulent tellement pas avoir de dettes qu'elles planifient des exigences de remboursement qui seront difficiles à respecter. En contrepartie, d'autres vont profiter allègrement des facilités d'emprunt, par l'usage de cartes de crédit par exemple, où le taux de financement n'est vraiment pas avantageux. Toute somme empruntée doit être éventuellement remboursée.

*****

> « Comment en êtes-vous venu à diriger une compagnie ayant plus de vingt succursales dans la province? »
>
> « Cela s'est fait lentement.
>
> J'ai commencé dans un petit local au centre-ville avec de l'argent que mon frère m'a prêté.
>
> Je voulais offrir quelque chose de différent à la clientèle.
>
> Les affaires sont allées mieux que ce que j'espérais.
>
> Puis, lorsque le local mitoyen s'est libéré, j'ai profité de l'occasion pour doubler la superficie du magasin.
>
> J'ai ensuite ouvert une succursale dans la ville d'à-côté.
>
> Une personne intéressée à devenir partenaire de l'entreprise s'est alors présentée.
>
> Avec cet apport de capitaux, nous avons pu ouvrir quatre autres magasins au cours des sept années suivantes.
>
> Voilà! Cela ne s'est pas fait du jour au lendemain! »

*****

Être Équilibré

Le manque de liquidités

Ne pas avoir suffisamment d'argent limite régulièrement la vitesse d'implantation et la taille d'un projet. Cela oblige, par exemple, la considération d'étapes à la croissance. On verra ainsi un entrepreneur agrandir ses installations trois fois en dix ans. La croissance ne se faisant pas en ligne droite oblique. Elle vient par à-coups où l'on remarque un palier entre deux périodes d'activités plus intenses. C'est souvent nécessaire, afin de permettre à toutes les parties prenantes de s'ajuster au changement. Tout projet, quel qu'il soit, demande un remaniement de ce qui se faisait jusque-là. Il faut ainsi s'assurer que les ressources humaines, financières et matérielles suivent le pas. Dans bien des circonstances, planifier une phase de stabilité facilite la transition entre deux états ou deux étapes importantes.

Aller vite et bien ne vont pas toujours ensemble. L'audace et la prudence doivent être dosées adéquatement. Pourquoi? entre autres pour éviter de sauter des étapes cruciales, telle la mise au point de produits, ou encore, éviter un endettement qui serait impossible à gérer.

>    Vaut mieux en avoir moins, et l'avoir,
>
>    que de viser trop haut et de tout perdre.

Le remboursement à faire sur les dettes encourues est une pression constante sur les finances de l'entreprise. Cette dernière doit générer suffisamment de revenus pour y parvenir. Lorsque les ventes ne progressent pas aussi vite que prévu ou lorsque les activités sont saisonnières, la situation peut se détériorer rapidement. Les versements sur emprunt sont inexorablement réguliers et répétitifs, de mois en mois. L'entrepreneur prudent veillera à disposer d'une marge de manœuvre ou d'une marge de sécurité. Il devra peut-être mettre de côté, temporairement, certaines parties de son projet ou tout simplement retarder sa mise en place. Pour la survie de l'entreprise, l'entrepreneur qui veille à garder une structure financière confortable peut se permettre de faire des projets à plus long terme. Et qui sait? Bénéficier d'une certaine flexibilité financière permet parfois d'attraper de bonnes occasions au passage. Celui qui est pris avec un trop plein de dettes ne le pourra pas.

*****

*Elle compte et recompte.*

*Rien à faire, elle n'a pas les moyens de réaliser les deux projets en même temps.*

*Elle ne peut pas agrandir la salle d'exposition ET réaménager les bureaux.*

*Elle doit choisir, pour une pression financière plus raisonnable.*
*Elle se décide pour le premier choix.*
*Cela lui donne du temps pour parfaire son projet de réaménagement.*
*Avec l'aide de ses employés, elle met au point de nouvelles idées.*
*Le projet final sera mieux réfléchi.*

\*\*\*\*\*

Le prévu, le réel et la différence

Malgré toute bonne intention, ce qui est prévu ne se matérialise pas toujours. Parfois c'est mieux, parfois c'est pire. Lorsqu'il prépare un budget, l'entrepreneur essaie de générer les chiffres les plus exacts possibles. S'assurer de disposer de suffisamment de liquidités pour passer à travers une période plus tranquille en dépend. La génération de bénéfices qui découleront de l'acquisition d'une nouvelle machinerie, par exemple, est essentielle à la justification de son achat. Lorsqu'il prépare un budget, l'entrepreneur doit utiliser, autant que faire se peut, les données les plus exactes possibles. Lorsqu'on parle de prévisions, d'un futur changeant, certains éléments sont plus faciles à estimer que d'autres. Il n'est donc pas rare de constater, après-coup, qu'il y a des différences entre le prévu et le réel.

Je suggère de procéder régulièrement à l'analyse postérieure des résultats obtenus. Regardons, puis expliquons les écarts entre ce qui était prévu et ce qui est réellement arrivé. L'objectif est de comprendre où l'on s'est trompé, pour éventuellement améliorer les façons de faire. Lorsque les coûts d'entretien d'une nouvelle machinerie ont été systématiquement sous-estimés, il faut comprendre pourquoi. Cela mène soit vers une meilleure estimation des coûts futurs soit vers la réévaluation des procédures actuelles d'entretien. L'un dans l'autre, l'analyse des écarts, positifs ou négatifs, mène vers l'amélioration de la gestion future. Lorsque l'entrepreneur constate que les ventes sont supérieures d'environ 20 % à ce qu'il avait prévu, il en est certainement heureux. Il doit toutefois se poser des questions. Est-ce que l'étude de marché a adéquatement cerné ce qui en est? C'est que la prochaine fois, sous-estimer les ventes de 20 % pourrait entraîner le rejet d'un projet qui mériterait plutôt d'être lancé.

Écart? Expliquer → Comprendre → Améliorer

## S'impliquer avec détachement

Ce que je m'apprête à dire peut paraître contradictoire. S'impliquer

( Être Équilibré )

signifie que l'on donne beaucoup de soi-même dans ce que l'on fait. Et, nous savons tous à quel point l'entrepreneur d'un projet s'y investit. Le faire est indispensable, mais en faire trop crée certaines problématiques. Il m'apparaît nécessaire, pour le mieux-être d'une personne, de viser l'implication équilibrée. L'entrepreneur est beaucoup plus que son entreprise. Sa vie ne commence pas et ne finit pas avec elle. Dans l'objectif d'une saine perspective, je crois qu'il faut faire preuve d'un certain détachement envers ses projets. Le truc que je suggère est de prendre de la distance face à ce qui est et ce qui arrive. Prenons du recul et essayons de regarder ce qui se passe de l'extérieur, comme quelqu'un de non impliqué. Un peu comme un spectateur assistant à une pièce de théâtre. Cela permet bien souvent d'attribuer une juste proportion aux événements. Une attitude d'implication détachée permet donc de relativiser ce qui se passe. Le succès ou l'insuccès d'une activité ou d'une initiative ne fait pas de l'entrepreneur une bonne ou une moins bonne personne. Il faut distinguer.

*****

*Un concurrent vient de lancer un produit similaire.*

*De qualité supérieure. À moindre coût.*

*Étant donné le mode de fonctionnement actuel de l'entreprise, il lui est impossible d'accoter ces caractéristiques.*

*Cela ne sert à rien d'essayer de compétitionner dans ce champ-là. La fabrication du produit est abandonnée.*

*C'est une perte pour l'entreprise et pour l'entrepreneur-investisseur.*

*Les valeurs et principes qui forment la personnalité de l'entrepreneur sont, quant à eux, intacts.*

*****

En déférence au thème Être Équilibré, j'aimerais partager la réflexion suivante avec vous. Il est facile de se sentir coupable de tout. Coupable de ne pas être avec sa famille lorsqu'on est au travail. Coupable de ne pas être au travail lorsqu'on se permet des vacances. C'est une dualité permanente. Avoir peine à garder son équilibre dans le mouvement incessant de l'entrepreneuriat est une réalité. Nombre d'entrepreneurs se jugent un peu trop durement lorsqu'une erreur survient ou lorsqu'un projet ne se passe pas aussi bien que prévu. À l'inverse, certains entrepreneurs se croient hors de portée d'une déception ou d'un revers. Je crois personnellement que la recherche d'un état de stabilité – à ne pas confondre avec la stagnation – est l'une des nécessités de l'existence. Parvenir à la juste proportion d'attitudes opposées mène vers l'harmonie intérieure.

© Attitudes d'Entrepreneur

# ÊTRE VIGILANT

*« Il faut avancer, avec ce que l'on a, vers le meilleur. »*

# ÊTRE VIGILANT

Le septième thème de ce volume concerne la vigilance, où l'entrepreneur exerce une surveillance soutenue de son environnement. Il faut demeurer attentif aux situations, événements et circonstances. Être Vigilant signifie que l'on observe ce qui se passe afin de favoriser la bonne marche de l'entreprise et améliorer le mieux-être des parties prenantes. Je désire discuter des attitudes que je considère comme nécessaires au fonctionnement réussi d'une entreprise.

## Rester alerte

Rien n'est immuable. La concurrence bouge, les opportunités vont et viennent, les gens changent, la planète rétrécit! Penser que la stabilité attend l'entreprise une fois démarrée est utopique. Il est vrai qu'il peut y avoir davantage de mouvement dans certains secteurs, mais aucun n'est épargné. L'entrepreneur doit donc se faire à l'idée qu'il doit régulièrement, pour ne pas dire constamment, être à l'affût de ce qui se passe autour de lui, en particulier dans son domaine d'expertise. Il est possible d'obtenir des outils plus précis et plus performants? Un nouveau créneau émerge? Il faut évaluer l'impact sur l'entreprise, puis déterminer comment faire avec. Favoriser le développement des connaissances chez ses employés, entre autres, est un moyen efficace de se tenir au courant. On s'apprête à modifier la loi sur les normes du travail? Les habitudes de consommation changent? Ayons une longueur d'avance. Restons connectés.

*****

*Il est le propriétaire d'un magasin d'articles de fêtes.*
*Il sait qu'une pénurie d'hélium se pointe.*
*Il ne pourra bientôt plus offrir de bouquets de ballons ainsi gonflés.*
*Il s'y prépare en accentuant son offre de produits alternatifs.*

*****

Être alerté par ce qui se passe est plus facile à faire lorsque les choses bougent ou lorsque des éléments dérangeants surviennent. C'est normal. Je désire toutefois vous sensibiliser à vous questionner même quand tout va bien. C'est moins naturel. Les ventes sont stables ou progressent doucement, les clients sont satisfaits, les employés acceptent de faire des heures supplémentaires, les parties prenantes ne se plaignent pas – ce qui veut dire que ça va –, alors pourquoi se remettre en question? Tout simplement pour s'assurer du maintien de ses acquis et permettre un ajustement rapide dès qu'une perturbation se pointe. Lors de périodes plus stables, l'entrepreneur peut en profiter pour améliorer la situation actuelle ou envisager de nouveaux défis. Il pourrait ainsi se rappeler que l'un de ses clients s'est plaint de ne pouvoir trouver ce dont il a besoin nulle part. Cela pourrait mener vers le développement d'un produit complémentaire ou vers la réorientation de la stratégie de ventes.

*****

*Je suis assise dans le hall d'une auberge.*

*Quelques personnes sortent d'une salle de rencontre. C'est la pause.*

*Elles vont à l'extérieur et reviennent avec un café acheté dans l'établissement d'à-côté.*

*Le café est pourtant fourni dans leur salle.*

*Je me dis que le propriétaire de l'auberge devrait se questionner sur la qualité du café offert dans son établissement.*

*****

Les signaux

Je crois personnellement que l'entrepreneur doit faire preuve d'ouverture en tout temps. Il doit demeurer alerte dans sa récolte d'idées pouvant affecter, de près ou de loin, son entreprise. De nombreuses idées proviennent régulièrement de l'observation de ce qui se passe autour et ailleurs, dans d'autres pays ou même d'autres domaines. Je suggère à l'entrepreneur de prendre note des idées qui lui viennent à l'esprit afin de pouvoir y revenir plus tard. Ce précieux « cahier » d'idées peut d'ailleurs contenir un échéancier de réalisation ou de réévaluation. Face à une quelconque information, l'entrepreneur peut certainement se demander s'il y a une quelconque utilité pour lui. Le fait d'entendre son voisin se plaindre d'avoir attendu trop longtemps à son garage peut sensibiliser l'entrepreneur à se demander si les gens attendent trop longtemps avant d'être servis dans son propre commerce. Considérer ce qui arrive comme un signal à se questionner, s'analyser ou s'améliorer est à mon avis une attitude gagnante.

*****

*Un article attire son attention.*

*Il porte sur la génération du millénaire (génération Y, personnes nées après 1995).*

*Comme il embauche des personnes de cet âge-là, il s'y intéresse.*

Être Vigilant

*Il prend note de leurs caractéristiques et s'attarde plus particulièrement à la section : « Ce qu'il ne faut pas dire à un employé de la génération Y... ».*

...

*Il apprécie l'opportunité de mieux comprendre ce qui en est.*
*Il envisage de modifier certaines façons de faire.*
*Cela pourrait l'aider à garder ses employés plus longtemps à son emploi.*

...

*L'attitude d'ouverture et d'adaptation m'apparaît déterminante ici.*
*L'entrepreneur accepte les différences entre les générations.*
*Il ne les juge pas et ne cherche pas à changer ce qui est inchangeable.*

\*\*\*\*\*

Les entreprises négligent trop souvent de considérer l'information en provenance de leur clientèle. Impliquer directement les clients potentiels dans le test de nouveaux produits et services, par exemple, permet la considération de différents points de vue. Cela permet parfois de fignoler les détails. Il faut savoir que peu de clients prennent le temps d'exprimer leur opinion, en particulier lorsqu'elle n'est pas directement sollicitée. Il n'est pas très compliqué, par exemple, de demander à ses clients s'ils ont trouvé ce qu'ils étaient venus chercher. L'entrepreneur pourrait noter ce qui manque, pour évaluer si cela vaut la peine de l'ajouter à sa gamme de produits. Lorsque quelques clients mentionnent qu'ils ne peuvent acheter le centre de jeux extérieurs parce qu'ils sont incapables de le monter, l'entrepreneur pourrait envisager d'offrir ce service complémentaire, ou encore, de recommander des gens qui le feront. On peut également penser à un processus systématique de questionnement auprès des clients réguliers ou tout simplement observer leur comportement dans le magasin. Les employés devraient certainement être sensibilisés à transmettre toute information recueillie à la haute direction.

Le client n'a pas toujours raison.

Le client n'a pas toujours tort.

Il faut également dire que la plupart des clients s'expriment seulement lorsqu'ils ont une plainte à formuler. Parce qu'il n'est pas vraiment agréable de faire face à un client insatisfait, la tentation d'oublier la rencontre est forte. On passe rapidement à autre chose. Je crois toutefois que les commentaires et critiques de clients contiennent des informations valables, trop souvent mises de côté. Lorsque plus d'un client se plaint de la même chose, il faut y voir. Il en est de même des suggestions d'employés. Certains entrepreneurs rejettent parfois du revers de la main un commentaire émis par un nouvel employé sous prétexte qu'il n'a pas d'expérience. C'est peut-être vrai, mais cela ne l'empêche pas d'avoir pu remarquer quelque chose d'important. Il a d'ailleurs l'avantage de pouvoir jeter un regard neuf. Et qui sait? une idée relevée aujourd'hui pourrait être développée plus tard. Encourager ses employés à trouver de nouvelles idées, à parfaire le produit ou à améliorer la relation client est certainement une attitude rentable.

*****

« Je désire un remboursement pour ce cahier d'activités que j'ai acheté lundi dernier. »

La cliente est remboursée.

…

En réalité, le cahier est incomplet.

Les autres clients se sont-ils rendu compte de l'erreur?

Et si oui, reviendront-ils tout de même acheter à la boutique?

*****

*****

« Je désire un remboursement pour ce cahier d'activités que j'ai acheté lundi dernier. »

« Puis-je vous demander pourquoi? »

« Les feuilles de collants qui devraient se trouver à la fin ne sont pas toutes-là. »

…

L'entrepreneure autorise le remboursement, puis examine les cahiers invendus.

Elle constate qu'ils ont tous le même problème. Il manque des pages!

Elle les retire du plancher de vente, puis les retourne au fournisseur.

*****

L'inattendu

On ne peut pas penser à tout ni tout prévoir. La perfection est rare. L'entrepreneur fera régulièrement face à des situations imprévues ou différentes de ce qu'il avait escompté. C'est parfois positif, parfois négatif. Il faut apprendre à accueillir ce qui arrive afin d'en retirer le

( Être Vigilant )

meilleur. Il est naturellement plus intéressant de recevoir une bonne nouvelle, tel le renouvellement de la commande d'un client satisfait. C'est moins évident lorsqu'il s'agit d'une quelconque difficulté. Lorsque les matériaux n'ont pas été livrés à temps, par exemple, on peut devoir changer l'horaire de travail. S'ensuivent parfois des pertes de temps et d'argent. On peut certainement dire que ce genre de situation arrive régulièrement dans la vie d'un entrepreneur.

Une erreur? Un problème?

Une faiblesse? Une incohérence?

UN SIGNAL!

Bien que ce soit dérangeant, et parfois même décourageant, je vous suggère de considérer toute difficulté comme étant un signal. Lorsque la même chose se produit régulièrement, ou que les conséquences sont importantes, la force du signal s'intensifie. Il m'apparaît nécessaire de demeurer alerte afin de capter les différents signaux envoyés dans notre direction. Ils contiennent en soi des informations qui requièrent des actions. Une erreur? Corrigeons-là, et trouvons le moyen d'éviter qu'elle se répète. Un problème? Résolvons-le en tirant profit de l'expérience. Une faiblesse? Mitigeons-là en faisant preuve de créativité. Une incohérence? Cherchons à établir ce qui en est. Il arrive fréquemment que des situations, *a priori* vues négativement, permettent plus tard l'amélioration des choses. Les apprécier comme étant des occasions plutôt que des difficultés est une attitude gagnante. On ne peut certes pas tout prendre avec le sourire, mais on peut essayer d'en retirer le meilleur.

L'analyse objective de ce qui survient

est un puissant moyen d'apprentissage.

*****

*On annonce des travaux de quelques semaines sur leur rue.*

*La circulation sera assurément difficile pour leurs clients.*

*Ils décident de profiter de l'occasion pour effectuer des rénovations.*

*Ils y pensaient depuis un bon moment sans pouvoir arrêter une date.*

*Ils avertissent leur entourage, avec humour d'ailleurs, de la situation à venir.*

*Ils annoncent des nouveautés et des promotions coïncidant avec la fin des travaux.*

*****

© Attitudes d'Entrepreneur

Les synchronismes

Certains parlent de synchronismes et d'autres de coïncidences. Quoi qu'il en soit, je considère qu'il faut porter une certaine attention à la simultanéité des paroles et événements. Je ne crois personnellement pas que tout arrive par pur hasard. Lorsque le même problème survient tous les 1$^{er}$ du mois, par exemple, il faut se demander pourquoi. À première vue, la relation entre deux dates ou deux événements peut avoir l'air un peu bizarre, mais on ne perd rien à se questionner. Une rencontre inattendue peut ouvrir une opportunité ou permettre la clarification de ses idées. Nul besoin que ce soit une personne œuvrant dans le même secteur ou que ce soit fait dans un cadre formel. Les synchronismes surviennent régulièrement, au moment où l'on s'y attend le moins, sous une forme parfois incongrue. Il arrive d'ailleurs qu'on en comprenne le sens que plus tard. L'important, à mon avis, est de ne pas automatiquement rejeter ce qui est différent ou qui dérange. Permettons aux événements de venir à nous.

> Pourquoi mettre une barrière aux idées
> avant d'avoir eu l'occasion de les soupeser?

*****

*Elle attend en file. Elle maugrée en silence, car elle n'aime pas perdre son temps.*

*Arrive, juste derrière elle, quelqu'un de son voisinage.*

*Au fil de leur discussion, elle apprend qu'il travaille à la pige pour le journal local.*

*Il désire écrire un article sur les artisans de la région et lui demande si elle en connaît.*

*« Justement », lui répond-elle avec enthousiasme, « Je suis ébéniste. »*

*****

Les relations d'affaires

Elles vont et viennent. Elles sont d'une durée variable. Certaines traversent le temps; d'autres pas. Certaines se passent bien, dans un bénéfice mutuel; d'autres se terminent plutôt mal. C'est normal. Considérons qu'au départ, tout un chacun transige de bonne foi. L'entrepreneur sait toutefois que chaque partie défend ses propres objectifs. Un bailleur de fonds exigera un certain rendement sur son investissement, par exemple. Sans être constamment sur le qui-vive, l'entrepreneur ne doit pas faire preuve de naïveté. Lorsque l'argent est en jeu, les comportements en sont indéniablement affectés. On

( Être Vigilant )

pourrait d'ailleurs croire que plus les sommes en jeu sont élevées, plus cela teinte les relations. Il faut faire preuve de vigilance.

**Viser l'efficience**

L'efficience consiste à obtenir le maximum de résultats avec le minimum d'efforts et de moyens. Comment obtenir la même chose en moins de temps ou à moindre coût? C'est une question que l'entrepreneur devrait régulièrement se poser. Voir, puis corriger les inefficiences du quotidien rapporte. En d'autres termes, je suggère la remise en question régulière des façons de faire, particulièrement lorsqu'elles sont machinales. Se dire qu'on a toujours procédé ainsi est rassurant, mais pas nécessairement approprié. L'un des obstacles à l'amélioration est souvent le fait d'avoir des idées préconçues ou des préjugés. Lorsqu'on a toujours considéré les choses sous le même angle, les possibilités de changement apparaissent moins librement. Il faut ainsi examiner ce qui se passe d'une manière différente.

Faire mieux? Un défi continuel.

*****

*Les frais d'expédition sont élevés.*
*Leur premier réflexe est de revoir les tarifs à la hausse.*
*Elles prennent plutôt le temps de revoir leur façon de faire.*
*À l'heure actuelle, elles achètent des boîtes standards,*
*très souvent trop grandes pour leur besoin.*
*Il n'y a pas de secret,*
*il faut minimiser le poids et la taille de toute boîte expédiée.*
*Elles cherchent et trouvent un fournisseur*
*qui peut leur vendre des boîtes plus petites.*
*Elles cherchent et trouvent également*
*du matériel de remplissage plus léger.*
*Elles n'ont pas haussé leurs tarifs.*

*****

Il faut porter une attention particulière à ce qui est répétitif. Lorsqu'il faut régulièrement exécuter la même tâche, il faut se demander s'il existe des moyens d'en accélérer l'exécution. Qu'est-ce qui gruge inutilement de l'énergie? Remettre en question ses habitudes peut permettre la découverte de meilleures façons de structurer et d'organiser. Se trouver des trucs pour aller plus vite est à la portée de tous. Il suffit parfois de quelques minutes pour lire le manuel d'instructions – ou du moins le survoler – pour en ressortir quelques fonctions ou procédures automatiques utiles. Un entrepreneur peut ainsi créer, à l'aide d'un logiciel de calcul ou d'un logiciel de comptabilité, un modèle de base à partir duquel il construit les soumissions, par exemple. Il peut même y ajouter quelques notes afin de s'assurer de ne rien oublier. Il ne recommence pas de zéro chaque fois. Il se simplifie la vie!

Les irritants

L'une des façons de discerner les endroits qui manquent d'efficience est d'identifier ce qui irrite. Qu'est-ce qui rend la tâche difficile? Qu'est-ce qui provoque la mauvaise humeur ou l'impatience? Qu'est-ce qu'on reporte à demain parce qu'on sait à l'avance que ce sera déplaisant de le faire? Les irritants, particulièrement lorsqu'ils reviennent fréquemment, doivent attirer l'attention. La gestion des papiers et divers documents, entre autres, est régulièrement problématique. Où est le bon de commande qui accompagne cette facture-là? On endure trop souvent une situation déplaisante parce qu'on ne s'arrête pas sur les difficultés qu'elle pose ou parce qu'on attend toujours le bon moment pour les régler. Or, la mise en place de moyens simples permet fréquemment et facilement de minimiser ou d'éliminer les irritants. Mieux vaut régler une partie du problème que laisser l'ensemble perdurer.

La simplicité des processus
favorise l'émergence de la créativité et l'innovation.

*****

*Il se plaint de perdre du temps à se promener d'un fichier à l'autre.*
*... On pourrait lui acheter un deuxième écran.*

*****

*Elle réalise que son temps d'attente au téléphone est élevé.*
*... On pourrait lui fournir un micro-casque ou lui suggérer d'utiliser la fonction mains libres.*

*****

*Il perd un temps fou à retrouver les courriels précédemment reçus.*
*... On pourrait créer un dossier pour chaque client accompagné d'un code de couleur. Le rouge, par exemple, pour indiquer que le dossier en cours est urgent. Ou encore, classer les courriels par numéro de client.*

*****

Être Vigilant

*On se demande toujours si telle ou telle personne est en vacances.*

*... On pourrait inscrire l'information sur un tableau ou dans un fichier accessible à tous.*

\*\*\*\*\*

*Il se demande si cette commande sera rentable.*

*... On pourrait créer une fiche et y inscrire au fur et à mesure les coûts encourus.*

\*\*\*\*\*

On peut également se demander s'il existe ce qu'on appelle un goulot d'étranglement. Cela arrive lorsque l'une ou l'autre des activités ralentit ou rallonge indûment la réalisation des autres. Lorsqu'une étape est un prérequis à la suite des choses, tout retard dans celle-ci entrave la bonne marche des activités. Existe-t-il des tâches, dans le secteur de production ou autre, qui, par leur lenteur, nuisent à l'avancement des autres? Devrait-on changer l'ordonnancement des tâches ou revoir l'aménagement du local? Lorsque les feuilles de temps des professionnels de l'entreprise tardent à rentrer, l'expédition des états de compte est retardée. Peut-on trouver le moyen d'accélérer la remise de ces précieuses feuilles?

La polyvalence des employés est un atout précieux.

\*\*\*\*\*

*Chaque année, c'est la même chose.*

*Les clients commandent à la dernière minute et veulent tous recevoir leurs commandes au même moment.*

*Par mesure préventive, elle prend les devants.*

*Elle contacte ses clients avant le début de la saison achalandée afin d'obtenir une idée des commandes à venir. Ses achats, ses embauches et sa production sont ainsi plus faciles à planifier.*

*Elle s'assure aussi que tout un chacun commande à temps, parce qu'elle sait, par expérience, que certains vont tout simplement oublier de le faire.*

*Cela ne règle pas tout, mais cela diminue les contrariétés de l'activité saisonnière.*

\*\*\*\*\*

Les tâches exécutées sporadiquement, c'est-à-dire seulement de temps en temps, peuvent être particulièrement contrariantes. Un formulaire gouvernemental à remplir tous les trimestres, par exemple, entre dans cette catégorie. C'est qu'on oublie tout simplement comment le faire d'une fois à l'autre. On perd alors du temps à essayer de se rappeler comment on a procédé la fois d'avant. Il est certainement possible de consigner les étapes de manière claire et succincte, dans un endroit facile à retracer. J'ai personnellement créé un fichier qui contient ce genre d'informations. Je le garde à portée de mains. Ce fichier renferme d'ailleurs diverses informations de base comme un modèle de lettre réutilisable, une liste d'adresses Web ainsi qu'un rappel des principaux raccourcis clavier.

Les coûts fixes

L'entrepreneur doit être au fait des différentes sortes de coûts. De façon sommaire – très sommaire même – les coûts récurrents sont variables ou fixes, et parfois un peu des deux. Par définition, les coûts fixes doivent être engagés, quel que soit le niveau de ventes de l'entreprise. Le loyer, les taxes municipales et les assurances en sont des exemples. En contrepartie, les coûts variables sont engagés seulement lors de la vente d'un produit ou la prestation d'un service. Les fournitures ou la main-d'œuvre requises à la fabrication en sont des exemples. Une entreprise qui arrête toute activité le temps des vacances annuelles n'a généralement pas de coûts variables à encourir; elle doit tout de même s'assurer de payer ses coûts fixes.

Lorsqu'il planifie le fonctionnement de son entreprise, l'entrepreneur doit comprendre l'influence des coûts fixes sur sa situation financière. Des coûts fixes élevés exigent l'obtention de revenus élevés afin de pouvoir les couvrir, en sus des frais variables. Pendant une période tranquille, les ventes sont moindres, les coûts variables aussi, mais pas les coûts fixes. Le loyer, par exemple, doit être payé tous les mois, quel que soit le niveau d'activités de l'entreprise. L'entrepreneur doit donc évaluer sa capacité à supporter les coûts fixes. En d'autres termes, quel est le chiffre de ventes nécessaire pour couvrir les coûts fixes et les coûts variables afférents? Quel est le nombre minimum de passagers requis pour cette expédition aux baleines? C'est à partir de l'atteinte de ce chiffre critique – aussi appelé seuil de rentabilité ou point mort – que l'entrepreneur commencera à faire du profit.

*****

*Il a une très bonne idée.*

*Il se lance en affaires avec un peu trop de précipitation.*

*Sa plus grande peur? Ne pas arriver à fournir la demande.*

*Il signe un contrat de location à long terme.*

*« C'est trop grand,*

Être Vigilant

*mais je n'aurai pas besoin de déménager plus tard. », se dit-il.*

*Il emprunte aussi pour acheter un camion de livraison.*

*...*

*Le démarrage est plus lent que prévu; les ventes plus faibles.*

*Il doit débourser de sa poche pour fabriquer, bien avant que les clients paient.*

*Il se trouve fort démuni financièrement, par manque de flexibilité.*

*Il se demande s'il doit tout fermer. Sa structure de coût est intenable.*

*Son idée était pourtant très bonne.*

\*\*\*\*\*

**Ne rien tenir pour acquis**

Il faut demeurer réaliste. Le mouvement fait partie de la vie. Les gens vont et viennent; l'environnement change. Une relation de quelques années peut s'éteindre, pour reprendre plus tard, ou pas. Un concurrent d'aujourd'hui peut devenir un partenaire demain, ou non. Ce concurrent peut devenir plus agressif ou disparaître. Ou encore, un employé de longue date peut quitter l'entreprise. Les gens changent; nous aussi. Les manières de penser et les façons d'agir se modifient au fil du temps. Un produit qui se vend très bien aujourd'hui peut être considéré comme désuet demain, et vice versa. La réaction des consommateurs n'étant pas toujours celle à laquelle on pourrait s'attendre. Il en est de même des processus de création et de fabrication qui évoluent constamment. Cela exige des remises en question ou force la réorganisation des activités. C'est la réalité.

Analyser les expériences passées? Oui.

Considérer que le futur sera le reflet du passé? Pas nécessairement.

L'entrepreneur doit constamment se positionner adéquatement dans le temps. Il doit faire au mieux, au temps présent, en se consacrant pleinement et entièrement à sa tâche. Ses expériences passées ont forgé sa personnalité et ses objectifs futurs le guident vers l'avant. Il essaie d'agir au bon moment. L'entrepreneur doit donc sciemment prendre du temps pour analyser la situation actuelle et mieux se préparer à ce qui vient.

\*\*\*\*\*

*Son entreprise est très active d'octobre à juin.*

*En juillet, il se repose.*
*En août et septembre, il met de l'ordre dans ses affaires.*
*Il évalue les résultats de la dernière saison, puis planifie celle à venir.*
*C'est à ce moment-là qu'il prend la plupart des décisions ayant un impact à plus long terme, tel l'achat d'un nouvel appareil.*

\*\*\*\*\*

Lorsqu'il prend ses décisions, l'entrepreneur doit considérer l'horizon des événements. Dans la gestion du quotidien, parfois sous la pression du manque de liquidités et du faible bénéfice, la dimension à court terme prend souvent trop d'importance. Face au choix d'obtenir 1 000 $ aujourd'hui ou 500 $ par année pendant trois ans, la plupart des personnes vont choisir de prendre 1 000 $. L'entrepreneur doit adéquatement considérer l'étalement des coûts et des bénéfices dans le temps. Dans l'objectif d'assurer la survie à moyen terme de l'entreprise, c'est une attitude essentielle. Viser la maximisation du bénéfice à court terme n'est pas toujours la meilleure stratégie d'affaires. Prendre 500 $ par année pour un total de 1 500 $ peut être préférable. Il faut peser ses décisions en fonction de l'horizon de leur impact.

> Moins aujourd'hui et davantage demain?
> ou
> Davantage aujourd'hui et moins demain?

## Les clignotants

Je suggère la mise en place d'un processus régulier d'observation de ce qui se passe dans l'environnement « interne » de l'entreprise. La détermination, puis l'évaluation, de certaines mesures ou certains indicateurs devrait faire partie intégrante de la gestion entrepreneuriale. Le but est d'effectuer un suivi de manière à pouvoir rapidement prendre les actions nécessaires pour profiter des occasions ou corriger les anomalies. La quantité et la définition des indicateurs dépendent des besoins de l'entrepreneur. Certains me diront qu'ils observent ce qui se passe et que cela leur suffit. C'est possible. J'insiste tout de même sur la nécessité d'identifier les aspects clés qui méritent une attention régulière, question de suivi et de contrôle. Cela est encore plus important lorsque ces aspects ne sont ni physiques ni concrets. Il est facile d'oublier ce qu'on ne voit pas. Les ventes du mois de mai ont subitement augmenté? Il faut chercher pourquoi. Les ventes du mois de juin ont baissé? Pourquoi? Est-ce en lien avec la hausse observée en mai? Quels sont les clients habituels qui n'ont pas commandé? La réponse à ces questions mène vers une meilleure compréhension des activités de l'entreprise. Cela facilite la prise de décision.

*****

*Ils fabriquent des vêtements pour personnel soignant.*

*Par expérience, ils savent que la fabrication d'un sarrau de laboratoire de taille moyenne requiert habituellement 1,50 mètre de tissu.*

*Or, le tissu utilisé le mois dernier est d'environ 1,60 mètre par sarrau.*

*Ils se questionnent sur la cause de cet écart.*

*Il semble que le calibrage de la machine de découpe pour tissus se soit déréglé, entraînant plus de gaspillage qu'à l'accoutumée.*

*La compréhension de la situation leur permet de corriger rapidement l'anomalie.*

*****

Les clignotants établis par l'entrepreneur doivent être simples, concrets, faciles à obtenir et mesurables. Ils doivent, le plus souvent possible, être quantifiables, mais pas nécessairement en dollar. On pense ainsi à la quantité hebdomadaire de déchets ou au nombre d'heures supplémentaires travaillées au dernier trimestre. Dans l'observation de ce qui se passe, l'entrepreneur peut établir des valeurs de référence, ou des standards, qui faciliteront toute comparaison. Ces mesures doivent être réalistes, c'est-à-dire qu'elles doivent refléter les conditions normales résultant d'un effort raisonnable. Le temps improductif ou les pertes, lorsque c'est inévitable, doivent être considérés. Le coût habituel d'un article, le nombre d'heures requises pour réaliser une tâche donnée ou l'usage moyen de 1,50 mètre de tissu en sont des exemples. Tout écart, positif ou négatif, à ce qui est considéré comme étant le « standard » doit être analysé.

Il est certainement possible de construire un « tableau de bord », en bonne et due forme, contenant les principaux indicateurs de l'entreprise. D'une part, les indicateurs servent de guides et d'objectifs à atteindre et, d'autre part, ils permettent le suivi régulier de la performance. Un tel tableau de bord, qui facilite le pilotage de la gestion, se présente habituellement en quatre sections : l'apprentissage (heures de formation par employé, nombre d'articles offerts, etc.), le processus (délais de livraison, rotation des stocks, temps de mise en route, etc.), la clientèle (nombre de nouveaux clients, part de marché, etc.) et les finances (progression du chiffre d'affaires, marge brute, ratio du fonds de roulement, taux d'endettement, etc.). Son contenu doit répondre aux impératifs particuliers à l'entreprise.

La veille stratégique

Je suggère la mise en place d'un processus régulier d'observation de ce qui se passe dans l'environnement « externe » de l'entreprise. Qui sont les concurrents? Est-ce que la qualité et le prix des produits ou services concurrentiels ou substituts ont changé? ou encore, Quels sont les éléments de la conjoncture économique qui affectent l'entreprise? Il m'apparaît essentiel et normal de s'intéresser à ce qui se fait chez la concurrence. Savoir ce que les autres font permet une prise de position plus éclairée. L'entrepreneur peut suivre le pas, se démarquer ou adopter toute autre stratégie, à son choix. L'important est de prendre connaissance de l'information, avec recul, puis d'en évaluer l'impact sur l'entreprise. Être au courant de ce qui se passe offre à l'entrepreneur la possibilité d'agir. Accueillir les changements de manière positive et constructive lui permet de relever le défi de s'adapter aux circonstances, quelles qu'elles soient. Il avance en étant mieux informé.

*****

*Elles sont les propriétaires d'une boutique de souvenirs au centre-ville.*

*En visitant les commerces similaires sur leur rue, elles se rendent compte que certains offrent un rabais de 10 % aux congressistes logeant dans les hôtels de la ville.*

*...*

*Elles décident de faire de même.*

*Tous les vendredis, elles s'informent systématiquement des congrès annoncés pour la semaine suivante.*

*Le jour venu, elles placent une pancarte dans leur vitrine qui souhaite la bienvenue aux congressistes et leur offre aussi un rabais de 10 % sur leur marchandise.*

*Comme la diversité des produits offerts d'une boutique à l'autre n'est pas très grande, elles n'ont pas vraiment le choix de suivre le pas.*

*****

Il faut dire que ce n'est pas si évident d'obtenir de l'information au sujet de ce que fait la concurrence. La plupart sont des entreprises privées. À quel prix vendent-ils leurs services et produits? Quelles sont les garanties offertes? Quel est le taux horaire versé aux employés? Par manque d'informations comparables, il est plus difficile de prendre une décision éclairée. L'entrepreneur n'osera pas, pour des raisons évidentes, partager les détails de ses activités avec l'un de ses concurrents. Il peut même être réticent à l'embauche d'un employé ayant auparavant travaillé pour l'un d'eux. N'en demeure pas moins

Être Vigilant

que de l'information publique circule. Visiter le site Web des entreprises concurrentes permet de prendre connaissance de ce qui est offert. Pour fins de vente, entre autres, la description des services et produits est généralement assez élaborée. On peut aussi visiter des expositions et salons commerciaux. Il n'est pas interdit de poser des questions. On peut en outre utiliser des moteurs de recherche, ne serait-ce que pour identifier quels sont les principaux acteurs dans le domaine.

Les réseaux d'affaires

L'entrepreneur qui exerce seul ou en microentreprise peut se sentir bien isolé. Faire partie d'un réseau d'affaires est un bon moyen de garder le contact avec la réalité extérieure. Échanger ses expériences et se faire suggérer certaines publications permet la mise à jour de ses perceptions. On peut, entre autres assister à une conférence ou s'inscrire à une courte formation. La rencontre d'autres entrepreneurs, de manière formelle ou non, peut certainement créer des liens d'amitié qui perdureront, mais aussi des partenariats. Vous ne savez pas quel logiciel de comptabilité acheter? Posez la question, puis évaluez l'influence des réponses reçues sur votre décision. Il arrive d'ailleurs régulièrement que des idées surgissent tout simplement en écoutant les autres, même s'ils œuvrent dans un domaine différent. Puisque l'entrepreneur est une personne qui s'investit dans son entreprise, avoir des occasions de se ressourcer lui est assurément bénéfique. Au lieu de donner, il reçoit. Je vous assure qu'il n'est pas nécessaire d'avoir beaucoup de temps libre pour entretenir des contacts d'affaires. Faire partie de la chambre de commerce ou d'une association de commerçants, par exemple, permet à l'entrepreneur de bénéficier d'une visibilité et d'un réseautage.

Rencontrer. Réseauter. Établir des contacts.

**S'adapter au mouvement**

L'entrepreneur n'a pas le choix. Il doit s'harmoniser avec l'environnement. Il peut se laisser porter par les événements et réagir seulement lorsqu'il ne peut faire autrement. Il peut aussi se tenir à jour quant aux mouvements internes et externes de manière à pouvoir agir adéquatement, plus rapidement. Lorsqu'il est possible de le faire, je suggère l'action préventive plutôt que la réaction tardive. Savoir de quoi il retourne me semble plus facile à gérer, que ce soit un élément positif ou négatif. Je dirais que la tendance naturelle est de reporter l'analyse de l'impact d'une information à connotation « négative ».

Cela n'aide en rien la situation.

« Il y a sûrement des choses que je ne sais pas,
alors je dois à tout le moins m'occuper de celles que je sais. »

*****

*Il détient une entreprise spécialisée
dans l'aménagement paysager commercial et gouvernemental.*

*Pour lui, la période intensive de travail s'étend de mai à novembre.*

*Les dernières années ont été prospères.
De nombreux contrats; des clients satisfaits.*

*L'environnement change.*

*Cet hiver, le téléphone sonne moins souvent,
le nombre d'appels d'offres diminue.*

*C'est dans l'habitude de comparer ce qui se passe d'une année à l'autre
qu'il s'en rend compte.*

*Habituellement, à la mi-janvier, il a sept semaines de travail temps plein
de réservées. Cette année, il en a à peine trois.*

*Il s'informe, puis confirme son impression.*

*Le ralentissement économique
affecte indéniablement son domaine d'activités.*

*Le marché rétrécit; la concurrence est farouche. Elle réduit les prix!*

*Il est conscient du sérieux de la situation.*

*Au meilleur de ses capacités, il désire effectuer des choix responsables
qui vont assurer la survie de l'entreprise.*

*Au fil du temps, il a établi d'honnêtes relations d'affaires avec ses clients,
même s'il est rare qu'ils aient recours à ses services plus d'une fois.*

*En tant que chef d'entreprise, il cherche des moyens concrets pour passer
à travers cette période qui s'annonce assez difficile.*

*Dans une attitude équilibrée face aux événements, il présente la situation à
ses employés, en faisant preuve d'ouverture face à toute idée constructive.*

…

*Sa vigilance dans le suivi de ses affaires lui a permis de voir venir.
Certes, l'identification d'une problématique ne l'élimine pas en soi.
Cela fournit toutefois la possibilité d'agir maintenant au lieu d'attendre
et de réagir à la dernière minute ou lorsqu'il est trop tard.*

*Voici un extrait du plan d'action de cet entrepreneur :*

*– Former un partenariat avec une firme de conception de projets afin de*

( Être Vigilant )

*pouvoir offrir un service « clé en main » alliant conception et exécution. Ils sont les seuls à le faire dans le milieu.*

*– Reporter l'acquisition d'un équipement neuf afin de minimiser les sorties de fonds fixes. Vendre ou louer les équipements inutilisés.*

*– Délaisser certains services, peu rentables, là où la concurrence est forte.*

*– Garder les employés clés à son service, puis avertir les autres du manque de travail.*

\*\*\*\*\*

L'aspect marginal

Lorsqu'il s'agit de prendre une décision, la notion de marginalité est très importante. Son application permet d'évaluer la situation avec davantage d'objectivité. À partir de l'état actuel des choses, on doit se demander ce qui change. Cela facilite la détermination exacte de ce qui est pertinent ou non dans toute prise de décision. On doit ensuite évaluer si cela en vaut la peine. Quels sont les coûts et les bénéfices supplémentaires? La tendance naturelle est d'accorder trop de poids à ce qui a été dit ou fait dans le passé. Certaines personnes s'y accrochent en se disant, par exemple, qu'on doit finir ce qui a été commencé. Pas toujours. En d'autres termes, ce qui a été fait dans le passé, dans une direction donnée, devient parfois un obstacle au changement à faire aujourd'hui. En certaines circonstances, l'entrepreneur doit faire preuve de détachement.

\*\*\*\*\*

*Ils ont versé un dépôt non remboursable de 1 000 $ pour réserver un local.*

*Peu de temps après, un peu par inadvertance, ils en trouvent un autre, moins dispendieux, et qui leur offre plus d'avantages.*

*Ils se demandent s'ils doivent changer d'endroit.*

*Le premier insiste pour dire qu'ils vont perdre le dépôt mis sur le premier local.*

*Le deuxième lui répond que de toute façon, c'est déjà payé et perdu, quoiqu'il arrive.*

\*\*\*\*\*

Sans tomber dans l'exagération, il faut comprendre que chaque étape d'un quelconque projet peut nécessiter la réévaluation des coûts et des bénéfices, monétaires ou autres. Il est vrai que les coûts encourus jusqu'à la date actuelle ont concrètement diminué les liquidités de l'entreprise. Il est vrai aussi qu'on y a consacré du temps. Malgré cela, ce n'est plus pertinent dans la considération de la position actuelle ou dans la décision actuelle à prendre. Ce sont des coûts dits irrécupérables. La difficulté d'accepter qu'il en soit ainsi s'explique par la nécessité d'admettre qu'on a peut-être agi trop vite, qu'on s'est peut-être trompé ou qu'on a peut-être mal évalué une situation. Ce n'est pas facile d'admettre une erreur, en particulier lorsqu'elle a occasionné une perte d'argent. Si un changement de direction procure des avantages supplémentaires, il faut sérieusement envisager d'y aller.

Ce qu'il est important de retenir, c'est que toute décision, quelle qu'elle soit, est prise au meilleur des connaissances à un moment précis. Avec le passage du temps, l'arrivée de nouvelles informations jette un éclairage nouveau sur toute situation. Cela confirme ou infirme ce qui a été fait. En certaines circonstances, il faut parfois envisager de changer de direction. C'est normal. L'important est d'accepter que ce que l'on fait dépend de ce qui peut survenir à partir d'aujourd'hui.

*****

*Elle tient un dépanneur.*
*Tout juste avant que les fruits et légumes commencent à défraîchir, elle révise les prix à la baisse.*
*Il lui arrive parfois de les vendre en bas du prix coûtant.*
*À partir de ce matin, quels sont les bénéfices escomptés? Très faibles ...*
*À partir de ce matin, quels sont les coûts à encourir? Nuls ...*
*Vaut mieux avoir moins d'argent que pas d'argent du tout.*

*****


### Éviter les excès

L'entrepreneuriat met régulièrement ses participants au défi. Ils doivent être motivés et convaincus du bien-fondé de leur projet afin de le rendre à terme. Le chemin, parsemé de surprises et d'obstacles, est souvent plus long que prévu. L'expérience, d'une valeur certaine, est gratifiante peu importe les aboutissements. Les histoires sont fort diverses. Certains entrepreneurs voient leurs idées se développer rapidement, dans un succès imprévu, allant bien au-delà de ce qu'ils espéraient. D'autres entrepreneurs, malgré tous leurs efforts, n'arrivent pas à faire avancer les choses et doivent alors accepter l'insuccès de leur démarche. Et naturellement, plusieurs variantes existent entre les deux. Chaque parcours est différent. Je ne saurais dire pourquoi il en est ainsi, cela dépasse mon entendement conscient.

Il faut comprendre que la pression, externe et interne, exercée sur l'entrepreneur est assez forte. En fonction de sa personnalité, chacun y réagit différemment. Il m'apparaît important d'entrevoir l'existence d'une face cachée à l'entrepreneuriat. L'excès guette. En quoi? En beaucoup de choses. Certaines personnes vont travailler un nombre d'heures considérable, pendant plusieurs semaines, à la mise sur pied de leur projet. La fatigue, et ses nombreuses conséquences, peuvent éventuellement les rattraper. D'autres vont y investir tout leur avoir, jusqu'à mettre en danger le bien-être de leur vie personnelle. Les difficultés financières qui pourraient s'ensuivre amènent bien des problèmes, pas seulement au point de vue financier. Tout ce qui dépasse une quantité considérée comme étant moyenne ou normale est de l'excès. Il faut l'éviter, sous tous les plans.

Vu de l'extérieur, est-ce que mon comportement semble excessif?

Quels sont les défauts de mes qualités?

*****

*On vient de lui attribuer un prix.*
*Il en est fort surpris.*
*À bien y penser, il ne comprend pas vraiment pourquoi.*
*À ses yeux, il y a tellement de choses à peaufiner.*
*Il est loin d'avoir atteint son but.*
*Il voit davantage ce qui manque que ce qui a été fait.*
*Ses employés le décrivent comme étant ultra perfectionniste.*
*Peut-il arriver à se satisfaire de ce qu'il a?*

*****

La sur-confiance

L'un des dangers du succès est d'en venir à se croire, disons-le, invincible. Le fait d'avoir réussi, en particulier lorsque de grosses sommes d'argent ont suivi le rythme, peut laisser croire que tout va toujours se passer ainsi. J'ai eu raison une fois, pourquoi pas deux ou trois autres fois? Cela peut arriver, mais peut-être pas. Je désire ici vous amener à la considération de la possibilité de se croire tellement bon et sûr de soi que cela en vienne à entraver le jugement. Dans ce genre de situations, la personnalité de l'entrepreneur devient tellement forte et convaincante que les personnes de son entourage n'osent plus le contredire. On pourrait même dire qu'il choisit de s'entourer, consciemment ou non, de personnes de ce genre-là. L'ego, ainsi flatté, permet à l'entrepreneur de faire tout ce que bon lui semble. Il a peut-être du flair et sait où il s'en va. Toutefois, penser que rien ne peut lui arriver peut lui faire oublier de considérer certains risques. Oubliera-t-il les angles morts? Dans son grand désir de réussite et son entêtement à avoir raison, il peut voir trop grand. Lorsque l'entrepreneur prend conscience qu'il démontre une telle attitude, c'est une bonne idée de s'entourer de personnes aptes à contrebalancer cet état d'esprit.

\*\*\*\*\*

*Elle et lui ouvrent une boutique de vêtements pour dames dans une ville de taille moyenne.*

*Leur but? Offrir des vêtements griffés à des prix raisonnables. « Les gens n'auront pas à se déplacer à Montréal pour trouver de belles choses originales. » est leur leitmotiv.*

*La première boutique fonctionne très bien. Ils en ouvrent quatre autres en cinq ans.*

*Elle et lui, très emballés par leur succès, se disent prêts à « envahir » les grandes villes.*

*Ils ouvrent trois nouvelles boutiques en moins de six mois.*

…

*Les ventes ne sont pas au rendez-vous. La compétition est plus forte qu'ils ne le pensaient. Ils s'épuisent à vouloir tout faire. Ils n'avaient pas pensé à tous ces déplacements d'une boutique à l'autre. Ils deviennent anxieux.*

…

*Au cours d'une réunion, l'un de leurs employés leur fait la remarque suivante : « Tout allait tellement bien avec les cinq boutiques situées en région. C'était le bon temps! »*

*Cette petite phrase les saisit par sa véracité.*

*Ils prennent le temps d'évaluer la situation pour se rendre compte que les dernières boutiques ne correspondent pas à leur mission d'origine. Les difficultés étaient prévisibles, mais ils ne les ont pas vues – ou n'ont pas pris le temps de les voir.*

…

*Elle et lui décident de procéder à la fermeture de trois boutiques.*

*« Mieux vaut reculer et solidifier ses assises que de voir trop grand et tout perdre. »*

\*\*\*\*\*

Le plan personnel

Il est humain et naturel de ramener les choses sur le plan personnel. Un entrepreneur qui reçoit des louanges au sujet du nouveau produit qu'il a développé flottera quelque temps sur un petit nuage. Assurément.

( Être Vigilant )

En contrepartie, se rendre compte d'une erreur qu'on a faite peut provoquer une onde de choc dans l'estime de soi. On cherche alors à expliquer et à justifier ce qui en est afin de minimiser les dégâts. Il est plus difficile de gérer les éléments « négatifs » que les éléments « positifs ». Quoi qu'on en dise, les premiers semblent avoir plus de poids. Pour l'entrepreneur, le danger consiste à tout ramener au plan personnel pour en venir à croire que tout se réalise grâce à lui ou que tout ce qui arrive est de sa faute. C'est de l'excès, dans les deux cas. Face à une série d'embûches, ou à l'insuccès d'une initiative, l'entrepreneur peut en venir – à tort il va sans dire – à penser que ce sont des attaques contre sa propre personne. « Qu'ai-je bien pu faire pour mériter cela? »

*****

*« Est-ce que l'on se connaît? Vous ne cessez de m'envoyer des messages de rappel au sujet du contrat venant à échéance le mois prochain. J'ai mentionné à mon agent que je désirais y réfléchir. Allez-vous cesser de me harceler? »*

*« Nous sommes désolés. Il s'agit d'un rappel automatiquement généré par notre système de communication. Il est possible de s'y désabonner en tout temps. »*

*****

Il faut apprendre à faire la part des choses en distinguant les situations et événements de sa propre personne. Je rappelle que l'entreprise et l'entrepreneur sont deux entités différentes. Il est facile – et compréhensible – de se sentir piqué au vif par un commentaire émis par un collègue ou lu sur le Web, par exemple. Il faut toutefois en prendre et en laisser, question de survie. Lorsqu'un des produits qu'il utilise ou qu'il vend fait l'objet d'un rappel, ce n'est pas automatiquement de la faute de l'entrepreneur. Son implication dans le dossier commence au moment où il prend connaissance de l'avertissement.

*****

*C'est sur la première page du journal.*

*Le responsable de l'expédition de son principal fournisseur fait l'objet d'accusations pour conduite avec les facultés affaiblies.*

*…*

*Le fournisseur, inquiet des retombées de cette histoire, téléphone à l'entrepreneur.*

*Ce dernier ne voit pas pourquoi il cesserait de faire affaire avec lui.*

*La situation du responsable de l'expédition ne le regarde tout simplement pas.*

*****

© Attitudes d'Entrepreneur

L'essentiel

Je crois profondément que le désir de faire avancer les choses est fondamental à l'entrepreneuriat. Faire une différence? Donner vie à ses idées? Une fonction naturelle chez lui. Cela n'a pas besoin d'être sur une grande échelle ni hyper révolutionnaire ni recensé par tous. Cela doit tout simplement être là. C'est, à mon avis, source de joie intérieure. L'argent ou la gloire, qui ne vont pas nécessairement ensemble d'ailleurs, sont éphémères. C'est agréable, je ne le démens pas, mais c'est temporaire. Cela ne porte pas très longtemps, particulièrement lorsque des difficultés doivent être surmontées. Dans la vie entrepreneuriale, les motivations qui soutiennent et nourrissent sont beaucoup plus fondamentales. Elles partent de la personne elle-même, de son identité propre.

Découvrir. Faire mieux. Apprendre. Résoudre. Décider.

Créer pour laisser sa trace.

*****

*Ils ne peuvent faire autrement que d'écouter la conversation des gens assis à la table d'à-côté. Ils sont en train de parler de leur entreprise.*

*Ils arrêtent tout simplement de bouger, et même de manger, pour être tout ouïe...*

*L'un des voisins donne la référence à l'autre en vantant la qualité du service personnalisé que sa belle-fille a reçu.*

*Sa belle-fille? La référence ne vient même pas d'une personne ayant directement reçu les services.*

*« Ah, », se disent-ils, « le bouche-à-oreille fonctionne toujours. »*

*Ils sont repartis incognito.*

*Cela a fait leur journée, comme on dit.*

*****

Lorsqu'on regarde autour de nous, il est facile de constater les nombreuses disparités. Tout « semble » facile pour certaines personnes alors que tout « semble » difficile pour d'autres. Certains doivent faire plus d'efforts que d'autres pour un résultat similaire. Je ne crois pas que ce soit très utile de tergiverser sur le sentiment d'injustice que l'on pourrait ressentir face à certaines situations. Pour ma part, l'essentiel est plutôt d'identifier ce qui peut être fait, puis de s'y mettre. Le chemin de l'entrepreneur consiste en une série d'expériences qui lui permettent d'apprendre et de développer ses capacités. Cela exige de faire la différence entre ce qui peut être changé et ce qui ne peut l'être.

Être Vigilant

Il arrive donc régulièrement qu'il faille lâcher-prise. On ne peut pas tout contrôler. Lorsqu'on a fait ce qu'il était possible de faire, il faut faire preuve de détachement, puis passer à autre chose. Après avoir parlé, que peut-on faire lorsque personne n'écoute? Après avoir agi, que peut-on faire lorsque rien ne bouge?

### Voir au-delà de soi

Je crois personnellement qu'il faut mettre en place les actions qui servent la continuité et la survie de l'entreprise. L'entrepreneur en est indéniablement le personnage clé. Une fois cela dit, il est facile de concevoir que certaines personnes peuvent se considérer comme étant irremplaçables ou peuvent croire que la vie de l'entreprise et la leur sont inextricablement liées. Ce n'est pas entièrement faux. Ce n'est pas nécessairement vrai non plus. Le fait de tout ramener à soi peut occasionner certains problèmes d'attitudes. Penser être le seul à détenir la vérité ou devenir trop exigeant ou intolérant envers autrui en sont des exemples. L'entrepreneur ne peut être tout à la fois.

### La délégation

Il m'apparaît essentiel de bénéficier de la possibilité de se décharger d'une certaine partie des tâches. Quand faire soi-même et quand déléguer? Plus les tâches sont répétitives et faciles, plus il sera possible de déléguer. L'idée est tout d'abord de permettre à l'entrepreneur d'alléger son agenda afin de lui permettre de se concentrer sur la gestion proprement dite, de mieux utiliser son temps. Il peut ainsi contacter d'éventuels clients et laisser à d'autres le soin d'entrer les factures dans les livres comptables, par exemple. Tout faire – ou croire qu'il faut tout faire – rend la prise de recul, pourtant nécessaire, plus difficile. En outre, la délégation de tâches offre à l'entrepreneur la possibilité – et c'est indispensable – de prendre régulièrement des congés ou des vacances. Il ne peut plus utiliser l'excuse que « rien ne va s'il n'est pas là ».

*****

*Il se prépare à partir deux semaines en vacances.*

*Il fait confiance à son nouveau gérant.*

*En l'absence du patron,
le gérant commande davantage de stocks qu'à l'accoutumée.*

*Il annonce une grande promotion
en étant certain qu'il écoulera toute la marchandise.*

*Le gérant désire faire une surprise à son patron!*

© Attitudes d'Entrepreneur

*L'entrepreneur fait face à un surplus de stock à son retour.*

\*\*\*\*\*

Lorsqu'il s'apprête à déléguer certaines tâches, l'entrepreneur doit s'assurer que la personne qui les effectuera détient les compétences de base. Avoir confiance que ce sera fait et bien fait est indispensable à celui qui désire en être dégagé. L'entrepreneur devra probablement expliquer, encadrer ou veiller à la formation de la personne à qui il délègue. Des instructions claires et précises quant aux attentes faciliteront le transfert et la réalisation des tâches. Certains entrepreneurs veulent tellement tout contrôler qu'ils étouffent toute initiative. D'autres oublient qu'il faut mettre des balises. Les gens à qui l'on délègue n'ont pas la même connaissance ni le même point de vue que leur employeur. Prenons le temps de clarifier les attentes.

Le remplacement

L'entrepreneur n'est pas à l'abri d'être temporairement ou de façon permanente incapable de vaquer à ses occupations habituelles. Bien que personne n'aime envisager cette possibilité, elle n'en existe pas moins. Se dire qu'il n'arrivera rien est, à mon avis, faire preuve d'insouciance. Il est d'ailleurs fréquent que l'entreprise soit l'emploi principal de l'entrepreneur. L'impact de toute absence dépasse certainement sa propre personne. Cela pourrait grandement affecter son entourage personnel ainsi que les parties prenantes à l'entreprise. L'entrepreneur qui s'en soucie verra à prendre les moyens nécessaires pour minimiser toute perturbation. Il pourrait en outre veiller à détenir des polices d'assurance adéquates en cas d'accident ou de maladie, ainsi qu'un mandat en cas d'inaptitude et un testament à jour. Il est par ailleurs fréquent qu'un entrepreneur-dirigeant d'une entreprise contracte une assurance-vie sur sa tête afin de favoriser la relève.

\*\*\*\*\*

*Un accident bête, qui le garde au lit pendant six semaines.*

*Il faisait tout ce qui était important et critique. Il contactait les clients, signait les contrats, faisait l'horaire de ses trois employés. Bref, il disait quoi faire et tous le suivaient.*

*Sa conjointe a essayé de le remplacer, sans grand succès.*

*Elle ne connaît pas bien ce genre d'affaires et se sent incapable de prendre en charge les opérations. Elle est d'ailleurs fort occupée à la maison, avec lui en convalescence.*

Être Vigilant

*Ses employés sont prêts à travailler, mais ils ne savent pas où aller.*

*Bref, dans l'impossibilité d'exercer convenablement les activités, on a fermé l'entreprise pendant quatre semaines.*

*Il a perdu de bons contrats et l'un des employés de longue date s'est trouvé un autre emploi.*

\*\*\*\*\*

La relève

Il s'agit d'un aspect inhérent à l'entrepreneuriat, parfois même délicat. Quand décide-t-on de fermer ou de vendre l'entreprise? À qui la transférer? Certains entrepreneurs ne veulent absolument pas se questionner à ce propos. L'entreprise, c'est pour toute la vie et, dans leur tête, c'est très long. Ils n'envisagent pas du tout d'arrêter ou de partir. C'est compréhensible, mais en même temps un peu dangereux. Penser à prévoir un fond pour une cessation d'activité éventuelle ou pour la retraite m'apparaît, à un certain point, nécessaire. Certes, le manque de liquidités d'une entreprise, en particulier à ses débuts, est limitatif. Je crois toutefois qu'il faut, à un moment donné, y voir. Compter uniquement sur la vente de son entreprise pour se créer un fonds de retraite confortable me paraît risqué. Cela fonctionne parfois, mais parfois pas. Celui qui croit pouvoir réaliser un fort profit pourrait être déçu. Les circonstances changeantes et incontrôlables de l'environnement peuvent influencer, à la hausse ou à la baisse, le prix de vente.

\*\*\*\*\*

*La situation est claire. Il n'y a pas de relève.*

*Ses enfants n'ont pas étudié dans le même domaine que lui.*

*Il y a 40 ans, c'était coutume d'acheter la clientèle d'un autre professionnel.*

*Ce n'est plus le cas aujourd'hui. Les jeunes professionnels ouvrent plutôt leur propre bureau, puis cherchent à attirer les clients.*

*Sa conclusion? Il fermera tout simplement son bureau de consultation lorsqu'il prendra sa retraite.*

*Il ne pourra pas vendre sa clientèle, ou du moins le fera à bas prix.*

*Autre temps. Autres mœurs.*

\*\*\*\*\*

Je crois personnellement qu'il est préférable de considérer le projet d'entreprise comme un processus constant, qui s'étend au-delà de la vie de l'entrepreneur. Ce dernier le fait avancer pendant quelques mois ou quelques années, pendant une partie de sa vie. Il s'y investit, dans le dépassement de soi. L'entrepreneur suivant fera de même, et ainsi de suite. Il n'y a ni minimum ni maximum à cette durée. Entre-temps, l'important est de faire au mieux, dans l'optique de favoriser la survie de l'entreprise, comme si on la gardait longtemps. Ce ne sera pas nécessairement le cas, mais il faut agir de cette façon pour avancer. Le besoin de transférer en sachant que cela continue est souvent très fort chez l'entrepreneur.

*****

*Son entreprise est florissante.*
*Il reçoit un appel d'un concurrent lui demandant s'il est à vendre.*
*« Pas vraiment. Combien m'offrez-vous? »*
*Ils se rencontrent et s'entendent sur un prix.*
*Il n'était pas à vendre; il a saisi l'opportunité offerte.*
*…*
*« Pourquoi avoir vendu si tu n'étais pas à vendre? »*
*« J'avais le sentiment d'avoir fait le tour.*
*J'ai considéré l'appel comme étant un synchronisme à mon questionnement.*
*Mon intuition me disait que c'était le bon moment. J'ai saisi l'occasion! »*

*****

La fermeture ou la vente d'une entreprise
ne signifie pas l'abandon de l'entrepreneuriat.

Certains entrepreneurs rêvent tout simplement de voir leurs enfants suivre leurs traces. Ils en viennent parfois à ne vivre que pour cela. C'est un objectif louable qui crée toutefois des attentes. Et qui dit attentes, dit déceptions potentielles. La descendance peut vouloir faire et vivre autre chose. Des considérations familiales peuvent également entrer en ligne de compte. Les parents veulent être équitables envers tous leurs enfants. Ils désirent aussi un revenu de retraite stable. Quant aux enfants, ils n'ont bien souvent pas d'économies pour acheter l'entreprise. Ils désirent aussi en vivre. Quelle que soit l'avenue envisagée, il est nécessaire, pour le mieux-être des parties impliquées, de planifier la relève avant d'être rendu au point de transfert. Des considérations fiscales et légales doivent, entre autres, être envisagées.

Être Vigilant

*****
*Ils sont les propriétaires d'une épicerie depuis plus de 40 ans.*

*Ils planifient transférer l'entreprise à leur fils qui travaille pour eux depuis qu'il est tout jeune.*

*Le temps passe, celui-ci a maintenant 30 ans et deux enfants.*

*Lorsque le fils aborde le sujet de la passation du contrôle, ses parents lui disent d'attendre.*

*Ils lui disent être en train de payer les dettes pour que ça aille mieux pour lui.*

*Ils remettent constamment le projet.*

*Le mot « retraite » semble leur faire peur.*

*Le fils énonce un ultimatum : « Ou bien on obtient de l'aide extérieure afin d'effectuer la transition ou bien je quitte l'entreprise. »*
*****

Le processus entrepreneurial est plus vaste que l'entrepreneur lui-même.

En déférence au thème Être Vigilant, j'aimerais partager la réflexion suivante avec vous. Il y a un temps pour chaque chose et chacune d'elle est en mouvement. Les acquis ont une vie limitée; les conditions d'aujourd'hui ne perdurent pas. L'entrepreneur ne peut faire autrement qu'en tenir compte. C'est par sa vigilance, sous plusieurs plans, qu'il assurera la survie de son projet d'entreprise. À partir de ce qui est, il doit chercher à comprendre et prévoir ce qui sera afin de s'y adapter. Cette tâche lui demande d'aiguiser son sens de l'observation et de développer sa capacité d'analyse. Se questionner et se remettre en question fait partie intégrante de son rôle de gestionnaire.

La récompense ultime est d'avoir fait au mieux, le temps d'un projet.

# ÉPILOGUE

L'entrepreneur est une personne spéciale. Du plus profond de lui, il désire créer, faire les choses différemment, décider. Son chemin est une aventure le menant vers le meilleur. Ce n'est pas toujours facile, mais pas nécessairement difficile non plus. C'est à chaque jour différent. L'entrepreneur cherche, apprend, se positionne, avance, puis évalue. Son but ultime? Faire une différence. Changer les choses. Cheminer.

L'entrepreneuriat est un privilège et un défi.

C'est une source de joie profonde.

Je désire d'emblée dire que les sept thèmes du volume *Attitudes d'Entrepreneur* sont à la fois distincts et complémentaires. Ils sont grandement interreliés. Ce ne sont pas des étapes; ce sont des parties inhérentes à l'entrepreneuriat. Les différentes attitudes présentées influencent, de près ou de loin, chacune des facettes de la vie entrepreneuriale. Dans son désir sincère d'avancer, l'entrepreneur doit à la fois Être Conscient, Être Responsable, Être Honnête, Être Conséquent, Être Chef, Être Équilibré, puis Être Vigilant. La plupart des situations vécues en entreprise appellent la considération de tous ces volets. La vibration de chacun influence indéniablement le mouvement des autres.

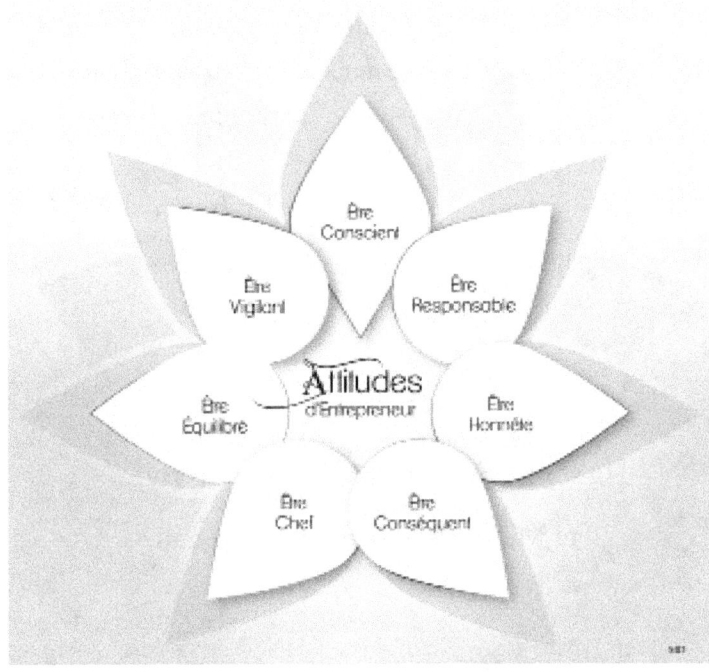

Dans l'objectif de se développer, personnellement et professionnellement, l'entrepreneur est appelé à prendre maintes décisions. Il pose des actions et influence son environnement. Il est régulièrement à la recherche de stratégies positives et constructives, pour son mieux-être personnel et la survie de son entreprise. Dans une interrelation dynamique, il favorise sa croissance, ainsi que celle des autres. Le volume *Attitudes d'Entrepreneur* est un volume engageant puisqu'il mène vers une transformation profonde de la pensée. Se demander Comment et Pourquoi amène l'entrepreneur à mieux préciser son rôle, de jour en jour. Sa mesure de la réussite devient ainsi multidimensionnelle.

*****

« *Vous avez été entrepreneur pendant une bonne partie de votre vie.*

*Vous avez acheté, créé, vendu avec profit, puis recommencé.*

*Quelle est votre plus grande réalisation?* »

...

« *J'ai beaucoup appris de mes expériences. Je n'ai pas toujours eu raison et j'ai fait des erreurs. Ce ne fut pas toujours facile, mais je ne regrette rien.*

*J'ai créé quelque chose de moi-même et ça a une valeur inestimable.*

*Je suis surtout content de la façon dont j'ai fait les choses.*

...

*Oui, j'ai fait du profit, mais je n'ai volé personne.*

*Je n'ai pas abusé de mes employés ni de mes clients.*

*J'ai innové dans mon domaine et j'ai aidé des gens.*

*Je récolte le fruit de mes efforts.* »

*Et vous, que répondrez-vous à cette question?*

*****

Je souhaite à tous l'harmonie de vivre,

et Merci d'apprécier mon travail.

© Attitudes d'Entrepreneur

www.ingramcontent.com/pod-product-compliance
Lightning Source LLC
Chambersburg PA
CBHW052055110526
44591CB00013B/2227